V&R

D1734836

Christa Schmidt

Das entsetzliche Erbe

Träume als Schlüssel
zu Familiengeheimnissen

Vandenhoeck & Ruprecht

Bibliografische Information Der Deutschen Bibliothek

Die Deutsche Bibliothek verzeichnet diese Publikation in der Deutschen Nationalbibliografie; detaillierte bibliografische Daten sind im Internet über <http://dnb.ddb.de> abrufbar.

ISBN 3-525-46201-8

Umschlagabbildung:
Hieronymus Bosch, *Der Garten der Lüste* (Ausschnitt), Triptychon, Öl auf Holz, 220 × 195/390 cm, Museo Nacional del Prado, Madrid.

© 2004, Vandenhoeck & Ruprecht, Göttingen.
Internet: www.vandenhoeck-ruprecht.de
Alle Rechte vorbehalten. Das Werk und seine Teile sind urheberrechtlich geschützt. Jede Verwertung in anderen als den gesetzlich zugelassenen Fällen bedarf der vorherigen schriftlichen Einwilligung des Verlages. Hinweis zu § 52a UrhG: Weder das Werk noch seine Teile dürfen ohne vorherige schriftliche Einwilligung des Verlages öffentlich zugänglich gemacht werden. Dies gilt auch bei einer entsprechenden Nutzung für Lehr- und Unterrichtszwecke.
Printed in Germany.
Satz: Satzspiegel, Nörten-Hardenberg
Druck und Bindung: Hubert & Co., Göttingen

Inhalt

■ Die Schicksale der Generationen sind verwoben

»Wir gehen immerfort über und über zu den Früheren, zu unserer
Herkunft und zu denen, die scheinbar nach uns kommen.«
Rainer Maria Rilke

Dieser Satz Rilkes erhellt ein in der psychoanalytischen Literatur
bisher nicht umfassend beschriebenes Phänomen, mit dem ich
mich seit langer Zeit beschäftige.

In meiner jahrelangen Arbeit als Psychoanalytikerin beobach-
tete ich, wie weitreichend meine Patientinnen und Patienten
durch die Traumata ihrer Eltern geprägt wurden. Ich entdeckte,
dass nicht nur Einstellungen, Verhaltensweisen, seelische und
körperliche Symptome von den Eltern an die nächste Generation
gleichsam weitergegeben werden, sondern sogar unverarbeitete
Konflikte und Traumata, die die Eltern lange vor der Geburt ihrer
Kinder erlebten. Manche Patienten sind interessanterweise so mit
ihren Eltern verwoben, dass sich sogar spezifische Traumata von
Vater oder Mutter in deren Träumen spiegeln.

Viele meiner Patienten litten unter Krankheiten und seelischen Störungen, die trotz jahrelanger medizinischer und psy-
chologischer Behandlung nicht heilbar zu sein schienen. Sie
waren in, für sie unerklärlichen, seelischen Konflikten und Beziehungsstörungen gefangen, hatten Angst und fühlten sich bedroht. Manche führten ihr Leben zeitweise wie von einem inneren Zwang geleitet, als Akteur einer ihnen fremden Rolle. Einige
hatten das Gefühl, als befänden sie sich zeitlebens auf der Flucht
oder wären in einem Luftschutzraum gefangen. Aufgrund der
Lebenssituation der Patienten waren diese Phänomene unverständlich. Viele ihrer Träume konnten bei bloßer Betrachtung
ihrer eigenen Biografie nicht erklärt werden. Bombennächte,
brennende Häuser, einstürzende Mauern, die Kälte und Weite
Russlands, Erschießungen, Vergewaltigungen, Plünderung und

Verfolgung waren mitunter Traumbilder von Patienten, die den Krieg selbst nicht erlebt und mit ihren Eltern über deren Schicksal nicht oder kaum gesprochen hatten. In vielen Fällen waren es gerade diese für die Patienten unerklärlichen Trauminhalte, die einen Schlüssel zu Familiengeheimnissen, zu einem Dialog mit den Eltern und letztlich zu deren Traumata eröffneten. Diese waren unbewusst an die Kinder weitergegeben worden und sind faszinierenderweise häufig den realen, ursprünglichen Erlebnissen der Eltern entsprechend in ihren Träumen aufgetaucht.

Erstmals fielen mir diese engen Verwobenheiten der Schicksale von Eltern und Kindern in der Therapie meiner Patientin Viola auf. Ihre Behandlung werde ich detailliert darstellen. Viola beschrieb zu Therapiebeginn ihr Leben als griechische Tragödie, als Wiederholung des Schicksals der Eltern, dem sie sich unentrinnbar ausgeliefert fühle, weil sie sich durch unsichtbare Ketten und Fesseln gebunden erlebte. Gleichsam von einem inneren Zwang geleitet, führte sie ein verblüffend ähnliches Leben wie ihre Eltern und war deshalb unfähig, ihr Leben nach ihren eigenen Vorstellungen zu gestalten.

Ihre Ängste, bedroht und vergewaltigt zu werden, ihre sexuellen Probleme und ihre Beziehungsstörungen blieben lange unerklärlich. Schließlich entdeckten wir Violas Träume als Schlüssel zu verschwiegenen traumatischen Erfahrungen ihrer Eltern. Sie halfen Viola, ihr Leiden zu verstehen und dadurch geheilt zu werden.

Hierzu ein Beispiel: Viola hatte einen über lange Zeit wiederkehrenden Traum, in dem sie von ihr unbekannten Männern verfolgt wurde und sich nicht schützen konnte. Schließlich vermutete ich, dass sich in diesem Traumbild ein Trauma ihrer Mutter verbarg. Ich regte Viola an, mit ihrer Mutter über deren Lebensgeschichte zu sprechen, von der Viola bisher kaum etwas wusste. Viola erfuhr nun, wie sehr die Kindheit und Jugend ihrer Mutter durch den Zweiten Weltkrieg überschattet war. Sie erfuhr außerdem, dass ihre Mutter, eine Italienerin, im Krieg nur knapp einem Massaker entkam, als deutsche Soldaten fast alle Bewohner des Heimatdorfs der Mutter töteten. Für die Mutter bestand als junges Mädchen also tatsächlich die Gefahr, ermordet zu werden. Das verschwiegene Trauma der Mutter wurde zum Albtraum und damit zur inneren Bedrohung der Tochter. Die Ängste und die reale traumatische Verfolgung ihrer Mutter bestimmten noch Jahrzehnte später deren Leben und wurden damit auch zu Violas Schicksal, so dass auch die Tochter panische Angst vor Männern und schwere Beziehungsstörungen hatte.

Das Aufspüren und Bearbeiten der Traumata der Eltern und der Dialog darüber halfen Viola, die innere Welt der Eltern von der ihren zu unterscheiden und zu trennen. Von ihren Fesseln, die sie an die Eltern banden, befreit, fühlte sich Viola erstmals richtig lebendig und selbstbestimmter. Ihre Symptome wurden deutlich schwächer.

Violas Therapie ist inzwischen seit vielen Jahren abgeschlossen. Sie lebt nun in einer stabilen Beziehung mit ihrem zweiten Mann und hat zwei gesunde Kinder. Mit diesen kann sie nun sehr viel einfühlsamer umgehen, als ihre Mutter das mit ihr konnte. Das Bearbeiten der transgenerationalen Traumata bei Viola führte sogar bei ihrer Mutter zu wichtigen Versöhnungsprozessen, unter anderem initiierte diese in ihrem Heimatort in Italien anlässlich des 50-jährigen Kriegsendes eine Versöhnungsmesse.

Seit diesem weit reichenden Behandlungserfolg untersuchte ich in meiner analytischen Arbeit bei all meinen Patienten die transgenerationale Weitergabe von Traumata mit verstärkter Aufmerksamkeit. Mir wurde dabei deutlich, dass der Großteil meiner Patienten von den unverarbeiteten Traumata ihrer Eltern umfassend beeinflusst ist. Diese Patienten leiden unter quälenden psychischen und psychosomatischen Störungen, extremen Ängsten, zunächst unverständlichen Schuld- und Schamgefühlen sowie unter Beziehungsstörungen, die in den unaufgearbeiteten, überwältigenden Schicksalsschlägen ihrer Eltern wurzeln.

Die dichte Verwobenheit der traumatischen Schicksale der Eltern mit denen ihrer Kinder zeigte sich auch eindrucksvoll bei der Behandlung von Hanna, einer weiteren Patientin, deren Mutter gegen Kriegsende als junges Mädchen mit ihrer Familie aus Ungarn floh. Hanna träumte von einem Bild, auf dem eine nicht klar zu identifizierende Frau zu sehen war. Die Farben dieses Bildes flossen von der Leinwand, bis allmählich ein neues Bild sichtbar wurde. Hanna assoziierte zu diesem Traum: »Das Bild meiner Mutter, ihr Schatten lag lange Zeit förmlich auf mir, so dass wir mein Bild, das Meine erst langsam freilegen mussten.« Hier zeigt sich, dass die Schicksalsverwobenheit so dicht ist, dass sie bei meiner Patientin zur Überlagerung ihrer eigenen Identität führte. Hanna fühlte sich wie Viola ihr Leben lang so vom Schicksal ihrer Mutter überschattet, dass sie erst nach mehreren Jahren Therapie ihr eigenes Bild und damit auch ihr Selbst entdecken konnte und infolge fähig war, ihr eigenes Leben aktiver zu bestimmen.

Viola und Hanna sind keine Einzelfälle. Die Identität meiner Patienten ist häufig durch die Traumatisierungen ihrer Eltern überlagert. Viele Heilungs- und Reifungsprozesse werden deshalb erst in langjährigen Therapien möglich, wenn die Traumata der Eltern, manchmal sogar die der Großeltern, aufgedeckt worden sind; seien es Kriegserlebnisse oder auch Lebenslügen, Verrat, Verschleierungen, verheimlichte Todesfälle oder andere traumatische Verluste.

Diese therapeutischen Erfahrungen und das Literaturstudium zu diesem Thema weckten mein Interesse, die Biografie meiner eigenen Eltern und Großeltern genauer zu erforschen, um eigene transgenerationale Traumata aufzuspüren und familiendynamisch zu bearbeiten. Diese Auseinandersetzung war für mich aufschlussreich, denn mir wurde deutlich, wie das Leben meiner Vorfahren durch die beiden Weltkriege und deren Folgen überschattet wurde und wird. Erst als ich mich mit meiner Familiengeschichte intensiv beschäftigte und auch die Arbeit mit meinen Träumen einbezog, erkannte und bearbeitete ich viele eigene transgenerationale Traumata. Ich begriff damals, dass meine Eltern und meine Großeltern durch die beiden Weltkriege mehrfach traumatisiert waren. Sie waren jahrelang massiven Bombenangriffen ausgesetzt gewesen, ihr Haus wurde schließlich zerstört. Mein Großvater und mein Onkel väterlicherseits sind im Krieg gefallen. Mein Vater hatte den Kriegsdienst verweigert. Meine Eltern lebten daher in ständiger Angst, dass er plötzlich verhaftet werden könnte und ins KZ müsste. Mein Onkel mütterlicherseits wurde als Arzt nach Russland eingezogen und war dort für viele Jahre in Kriegsgefangenschaft geraten. Meine Großonkel waren als Kommunisten im Konzentrationslager interniert.

Ich erkannte nun, wie tiefgreifend die Auswirkungen des Kriegs noch Jahrzehnte später in mir lebendig waren, und konnte jetzt einige psychodynamischen Zusammenhänge besser verstehen. Viele dieser traumatischen inneren Bilder trug ich in mir. Sie offenbarten sich auch in meinen Träumen, in denen ich häufig bedrohlichen Situationen schutzlos ausgeliefert war, und führten zu vielen Ängsten. So reagierte ich zum Beispiel in eigentlich harmlosen Trennungssituationen mit Panik. Wenn meine Kinder in den Ferien wegfuhren, hatte ich Angst, sie nie wiederzusehen. So konnte ich zahlreiche Identifizierungen mit meiner Mutter und meiner Großmutter bearbeiten. Erst die gründliche Auseinandersetzung mit den schrecklichen Erlebnissen meiner Vorfahren half mir zum einen, sie besser zu verstehen und mich in sie einzufühlen, zum anderen, meine eigenen Ängste besser zu verarbeiten.

Auf meiner Entdeckungsreise begleitete mich viele Jahre Manfred Wöhlke, ein befreundeter Religionssoziologe. Seine Mutter wurde gegen Ende des Zweiten Weltkriegs von einem russischen Soldaten erschossen. Er selbst saß während ihrer Ermordung als Kleinkind auf ihrem Schoß. In unseren Gesprächen erkannte ich, wie tiefgreifend die Traumata unserer Vorfahren unser beider Leben überschatteten. Noch heute ist in seine Seele die Lebenstragik eingeschrieben: Auf das Glück folgt die Katastrophe. Er setzte sich literarisch mit seiner Lebensgeschichte und der seiner Vorfahren auseinander und ließ sich hierbei wesentlich von assoziativen Einfällen, Eingebungen und Träumen leiten. In unseren langjährigen Dialogen erzählten wir uns unsere Träume, in denen uns wiederholt die verschiedensten Kriegstraumata unserer Mütter und Väter begegneten.

Die traumatische Vergangenheit unserer Eltern drang so sehr in unsere Begegnung, dass sie präsent schien. Dies führte zu großen Ängsten, vielen unverständlichen Situationen, unerklärlichen Verwirrungen und Blockaden.

In dem regen Austausch während vieler Jahre erlebten wir sogar mehrmals, dass es uns möglich war, über eigene Träume Wesentliches von der konkreten Geschichte des anderen und der seiner Ahnen zu erfassen, obwohl wir sie bewusst nicht kannten.

Das Verbalisieren der tradierten Traumata bedeutete für mich einen wichtigen Erfahrungsprozess. Es führte zur Distanzierung von den Traumata meiner Eltern und Großeltern und damit zu inneren Veränderungen, insbesondere zur Klärung vieler aktueller Ängste und Konflikte.

Trotz dieser jahrelangen intensiven Auseinandersetzung fiel es mir schwer, das Grauen und die Folgen des Zweiten Weltkriegs sowie die daraus entstandenen transgenerationalen Phänomene auch in den Lebensgeschichten meiner Patienten detailliert aufzuspüren. Das Leid, das mir bei jedem Einzelnen begegnet ist, war schrecklich und schwer auszuhalten. Diese anstrengenden therapeutischen Prozesse verarbeitete ich in vielen Träumen und inneren Bildern.

Der amerikanische Psychoanalytiker und Kinderanalytiker Ross Lazar, der in England seine psychoanalytische Ausbildung absolviert hat und damit eine andere nationale und psychoanalytische Identität und Zugehörigkeit hat, unterstützte mich jahrelang geduldig dabei, meine eigene Sprachlosigkeit und viele auf mir lastenden Tabus zu überwinden. Mit seiner Hilfe war es mir zusehends besser möglich, transgenerationale Traumata bei meinen Patienten zu erkennen und zu behandeln. Durch Lazar habe ich außerdem psychoanalytische Modelle kennen gelernt, die es mir erleichterten, diese Phänomene zu begreifen. Er half mir auch dabei, Denkblockaden zu überwinden und verschiedene Sichtweisen zu integrieren, so dass ich diesen Text fertig stellen konnte.

In diesem Buch stelle ich nun dar, wie weitreichend sich transgenerationale Phänomene in den Familien und in der inneren Welt meiner Patienten offenbaren, und zeige Wege zur Therapie auf, unter anderem meine erweiterte Art, Träume zu bearbeiten.

Am Beispiel von fünf psychoanalytischen Behandlungen beschreibe ich in den folgenden Kapiteln auszugsweise transgenerationale Traumata, die ich gemeinsam mit meinen Patienten bearbeitet habe. Die Behandlungsberichte schildern die Schicksale von Frauen, die ihre eigenen Traumata sowie die ihrer Eltern in Träumen und schließlich in Worten ausdrücken konnten. Im Hinblick auf die eindrucksvolle Darstellbarkeit und Bearbeitbarkeit der transgenerationalen Traumata erfolgte auch ihre Auswahl.

Die Männer, die mich im Lauf der Jahre zur Therapie aufsuchten, entschieden sich vorwiegend für Kurztherapien oder tiefenpsychologisch fundierte Therapien. Möglicherweise ist es für männliche Patienten noch schwieriger, sich mit der Vergangenheit ihrer Eltern so intensiv auseinander zu setzen. Identifiziert mit den Kriegsschicksalen ihrer Väter sowie deren Scham- und Schuldthematik, neigen sie oft zu massiven unbewussten Schuld- und Schamgefühlen. Da die Symbolisierungsfähigkeit und die Bereitschaft, sich auf lange, tiefe analytische Prozesse einzulassen, bei meinen männlichen Patienten bisher weniger ausgeprägt war als bei den weiblichen, konnte ich bei ihnen die transgenerationalen Traumata nicht so weitgehend bearbeiten.

Die Berichte beschreiben keine »Einzelfälle« oder besonders schwere Schicksale, sondern sie bezeugen, wie gravierend zwei Generationen und deren Nachfahren durch die beiden Weltkriege und das »Dritte Reich« traumatisiert wurden. Die Behandlungszeiträume umfassten zwischen drei und neun Jahre, das heißt 240 bis 800 Therapiestunden. Es kann und soll hier allerdings nur ein kleiner, begrenzter Aspekt der gesamten, vielschichtigen therapeutischen Arbeit beleuchtet werden.

Die einzelnen Fallgeschichten werden in chronologischer Reihenfolge geschildert. Die Therapien der Patientinnen Viola und Marika wurden bereits vor mehreren Jahren beendet, Wiltrud hat ihre Behandlung im Jahr 2001 abgeschlossen, Susanne und Lucia waren noch bis vor kurzem bei mir in Therapie. Namen, Berufe und persönliche Daten in den beschriebenen Fallberichten wurden von mir in Absprache mit den Patienten anonymisiert. Die Zitate stammen aus Therapiemitschriften, es sind keine Tonbandprotokolle.

Zur inhaltlichen Abfolge: Nach dem Bericht über Violas Behandlung erhellen grundlegende Gedanken sowie Untersuchungen aus der psychoanalytischen Literatur das Phänomen transgenerationaler Traumata und das Wesen der Träume. In dieser Literatur fand ich entscheidende Anregungen für meine therapeutische Arbeit. Besonders aufschlussreich und fruchtbar waren für mich die Arbeiten von G. Benedetti, W. Bion, Y. Gampel, A. Jokl, J. Kestenberg, I. Kogan, D. Meltzer und H. Segal. In diesem Teil schildere ich Behandlungsberichte aus der Literatur.

Anschließend stelle ich das Wesen von Träumen dar und erkläre, weshalb sie sich für das Bearbeiten von akkumulierenden Traumata eignen. Zusammenfassend lege ich meine Hypothesen zur transgenerationalen Weitergabe von Traumata und deren Behandlung dar. Die daran anschließenden Fallberichte veranschaulichen meine Behandlungsweise praxisnah.

Danach werden die wichtigsten Ergebnisse der Behandlungsberichte diskutiert und mein erweiterter Therapieansatz vorgestellt. Die Interpretation des Märchens »Die Schneekönigin«, in dem transgenerationale Traumata thematisiert werden, rundet das Thema ab.

■ Bei uns wurde alles verschwiegen

»Sie schleppen das beinahe tote Gewicht der anderen mit sich.«
Luigi Pirandello

Viola, eine 30-jährige Italienerin, wird wegen Vaginismus, sexuellen Schwierigkeiten und Konflikten mit ihrem Ehemann von ihrem Gynäkologen an mich überwiesen. Als ich sie nach dem Anlass ihres Kommens frage, schildert sie eine Vielzahl seelischer Störungen, zum Beispiel Depressionen und Ängste, aber auch körperliche Beschwerden wie chronische Magenschmerzen und Blasenentzündungen. Trotz all dieser schmerzlichen Krankheiten sei es aber für sie das Schlimmste, dass sie sich ihrem Schicksal wie in der griechischen Tragödie ohnmächtig und unentrinnbar ausgeliefert fühle. Seit Jahren quäle sie ein Albtraum, in dem sie von unbekannten Männern verfolgt werde, ohne sich schützen zu können.

Als ich Viola nach ihrer Familiengeschichte frage, stelle ich zu meinem großen Erstaunen fest, wie wenig sie darüber weiß. Viola ist wie ein Wesen ohne Wurzeln und ohne Geschichte. Ich muss mehrmals nachfragen, bis sie beteuert, ihr sei nur bekannt, dass der Großvater mütterlicherseits jahrelang ein Verhältnis mit der Dorfhure hatte und dass ihre Großmutter und ihre Mutter sehr eng miteinander verbunden waren. Violas Eltern kannten sich schon als Kinder. Kurz nachdem sie sich ineinander verliebt hatten, musste Violas Vater, er war damals 16 Jahre alt, in den Krieg. Nach dem Krieg verließen dann beide ihr Heimatdorf und brachen alle Kontakte ab. Nach ihrer Ausbildung heirateten sie. Viola war ihr drittes Kind. Sie wurde im »Schichtwechsel« von ihrer Mutter und ihren beiden Schwestern versorgt. Ihr Vater zog kurz nach Violas Geburt in eine andere Stadt und verheimlichte seiner Familie, dass er dort mit einer anderen Frau und der gemeinsamen Tochter zusammenlebte. Viola sah ihn nur selten.

Viola erzählt, dass sie nichts Eigenes hatte, nicht einmal ein eigenes Bett, und dass sie noch als Erwachsene im Bett der Mutter schlief. Ihre Entwicklung wurde durch massive Kontrollen und Verbote der Mutter eingeschränkt: »Du darfst unser Bett nicht verlassen. Du darfst dich nicht von der Wohnung entfernen. Du musst immer in Sichtkontakt bleiben. Du darfst dich nicht einem Mann nähern, weil alle Männer Schweine sind. Du darfst nicht mit einem Mann schlafen, denn dann bist du eine Hure und für mich gestorben. Alles war verboten, alles wurde kontrolliert«, klagt Viola.

Ihre sexuelle Entwicklung verlief demnach äußerst problematisch. Sexuelle Beziehungen waren angst- und schuldbeladen. Nach dem Studium ging Viola nach Deutschland. Hier arbeitete sie als Dolmetscherin und heiratete einen Deutschen.

■ Das Leben – ein Theater

Das Meine gibt es nicht

In ihrer ersten Therapiestunde beschreibt Viola ihre Identitätsproblematik: »Meine Gefühle, meine Eigenschaften, meine eigene Form sind mir ausgeprügelt und ausgeredet worden. Meine Wurzeln zu finden kann ich mir nicht vorstellen. Das Meine gibt es nicht.« Als ich Viola nach den möglichen Ursachen für ihre Identitätsprobleme frage, antwortet sie, sie sei auf extrem komplizierte Weise mit ihrer Mutter verstrickt gewesen, da das Getrennt- und Anderssein für ihre Mutter bedrohlich gewesen sei. Das Bearbeiten von Violas schwieriger Mutterbeziehung, das Aufspüren ihrer frühkindlichen Trennungstraumata und die Arbeit mit Träumen führen bald zu einer Besserung ihrer psychischen und körperlichen Beschwerden.

Ich habe einen tiefen Hass gegen Deutsche

Trotz der jahrelangen therapeutischen Arbeit bleiben Violas karge Beziehung zu ihrem Mann sowie ihre sexuellen Schwierigkeiten jedoch unverändert. Mehrmals äußert sie das Gefühl, im Dunkeln nach Ketten und Stricken zu suchen, an die sie gefesselt sei. Wie gefesselt und gelähmt liegt Viola auch auf der Couch, mit überkreuzten Beinen und ineinander verschlungenen Armen. Angespannt arbeiten wir auf intellektueller Ebene, während Violas Gefühle, insbesondere Wut und Ärger, abgespalten bleiben und deshalb nicht zu spüren sind. Das ändert sich plötzlich und unerwartet. Die auslösende Situation ist der erste Golfkrieg (1991). Viola kommt äußerst nervös zu unserer Sitzung. »Mein Freund Fabio soll nun den Deutschen geopfert werden. Ich habe einen tiefen Hass gegen Deutsche, gegen meinen Mann. Deutsche sind gefühlskalt. Diesen Hass habe ich mit der Muttermilch mitgekriegt.« Ich verstehe nicht, was Viola mir sagen will, und frage sie, weshalb sie den Eindruck habe, ihr Freund Fabio solle den Deutschen geopfert werden, und warum sie plötzlich so hasserfüllt über die Deutschen spreche. Sie erklärt, Fabio sei ein italienischer Marineoffizier. Sie befürchte nun, dass er im Irak eingesetzt werden würde und dies nur geschehe, weil die Deutschen sich nicht an den Einsätzen beteiligen würden. Ich frage sie weiter, weshalb sie glaube, den Hass auf die Deutschen »mit der Muttermilch eingesogen« zu haben. So kommen wir auf den Zweiten Weltkrieg zu sprechen. Viola weiß nicht, was ihre Eltern damals erlebt haben. Sie hat mit beiden nie darüber gesprochen. Ich rege Viola an, dies zu tun. Sie fährt nun mehrmals nach Italien und redet mit ihrer Mutter, um Licht in dieses Dunkel zu bringen. Sie hört erstmals, wie grausam deutsche Soldaten im Zweiten Weltkrieg gegen die Partisanen in Italien vorgegangen waren, dass aus Rache für Partisanenüberfälle viele unschuldige Menschen ermordet worden waren. Für einen Deutschen hatten sie zwanzig italienische Zivilisten getötet, auch Frauen und Kinder. So waren als Vergeltung zahlreiche Menschen in der Heimat der Eltern von den Deutschen umgebracht worden. Unschuldige, wehrlose Frauen und Kinder, deren Männer und Väter im Krieg waren oder sich voller Furcht in den Bergen versteckten, kamen grausam ums Leben. Die Deutschen haben viele italienische Dörfer ausradiert. Viola thematisiert jetzt auch »den Wahn der Deutschen gegen Juden«, ihren »Sinn für die Obrigkeit« und stellt erschreckt fest, dass sie voller Vorurteile gegen Deutsche sei und Angst habe, die Therapie zu zerstören.

Viola erfährt zudem, dass ihre Mutter beinahe selbst Opfer eines Massakers geworden wäre, wenn nicht ein deutscher Offizier, der in sie verliebt gewesen war, sie gewarnt hätte. Ihre Mutter erzählt, dass Frauen, die mit Faschisten oder Deutschen befreundet waren, von Partisanen häufig vergewaltigt und kahlgeschoren, manchmal sogar umgebracht worden waren. Der deutsche Offizier floh deshalb mit Violas Mutter und ihrer Familie in eine andere Stadt, um sie zu beschützen. Und zu ihrem großen Erstaunen erkennt Viola nun, dass ihr Großvater und ihr Vater begeisterte Faschisten gewesen sind.

Ich bin erschüttert über diesen Bericht, über die grauenhafte Vernichtung von wehrlosen Frauen und Kindern und frage mich, warum diese Gräueltaten bis heute totgeschwiegen werden. Bei meinem Versuch, mich genauer zu informieren, stelle ich fest, dass nur wenig Literatur zu diesem Thema existiert.

Viola identifiziert sich mit den Opfern in ihrer Heimat. Auf mich als Deutsche bekommt sie deshalb zeitweise eine enorme Wut, die unsere Beziehung gefährdet und manchmal zu zerstören droht. Wir bearbeiten nun, wie Viola den Golfkrieg mit dem Zweiten Weltkrieg innerlich vermischt. Ich konfrontiere sie damit, wie sie das Erlebte der Mutter als Eigenes übernimmt. Denn Viola hat Angst, im Golfkrieg ihren Jugendfreund zu verlieren, so wie ihre Mutter ihren Freund durch den Krieg verloren hatte. Viola ist nach Deutschland gezogen und hat einen Deutschen geheiratet. Möglicherweise hatte sie dabei die unbewusste Phantasie, wie ihre Mutter von einem Deutschen gerettet zu werden. Auch ich bin in Violas innerer Welt zeitweise »Retter« und zeitweise »Täter«.

Ein Herr dreht der Katze den Kopf um

Nachdem Viola diese bisher verschwiegenen Familiengeheimnisse erzählt hat, verstehen wir ihr Bild von den Deutschen besser. In Violas jahrelangen Albträumen, in denen sie von unbekannten Männern verfolgt wird, erkennen wir nun die traumatische Erfahrung der Mutter, die in Kriegszeiten von deutschen Soldaten und von italienischen Faschisten tatsächlich verfolgt wurde. Viola erzählt folgenden Traum, in dem deutlich wird, wie grausam und verletzend ihr inneres Männerbild ist: Sie ist in einem Auto, hat ihre Katze auf dem Schoß und die Hand auf deren Kopf. Plötzlich hält sie ein Herr an der Hand und dreht der Katze den Kopf um. Seine Handschuhe haben Spitzen aus Metall. Viola schildert, dass ihr das so wehgetan habe, wie wenn er mit dem Handschuh mit den Metallspitzen in ihre Scheide eingedrungen wäre. Viola erinnert dieser Mann an ihren Vater und an ihre Mutter, die sie in einem quälenden familiären System gefangen hielten. Sie teilt mir ihr tiefes Leid und ihre seelischen Verletzungen in diesem Traumbild mit. Viola sieht sich in diesem Traum auch in einer ähnlich ausweglosen Situation wie ihre Mutter, als diese befürchten musste, von Partisanen oder Deutschen misshandelt zu werden. Ich deute, dass Viola »sich zu verlieben« beziehungsweise den »Kopf verdreht zu bekommen« so mörderisch erlebt wie ihre Mutter, denn für diese war es als junge Frau wirklich verwirrend und lebensgefährlich gewesen, in einen italienischen Faschisten und in einen deutschen Offizier verliebt zu sein. Ich zeige Viola auf, wie sie die Ängste, Traumata und das Männerbild der Mutter in sich trägt. Viola bestätigt das und betont, dass Männer für ihre Mutter so bedrohlich seien, dass sie den Penis als Waffe bezeichne und Frauen als Opfer, die den Männern völlig schutzlos ausgeliefert seien.

Projektiv identifiziert mit dem grausamen Männerbild der Mutter sind auch Violas Wahrnehmungen von Männern äußerst verzerrt und damit ihre Beziehungen zu diesen verwirrend. Die Traumata der Mutter sind in Violas innere Welt so eingedrungen, dass sie sich kein eigenes Bild von Männern machen kann und damit in der inneren Welt der Mutter gefangen bleibt. Nun werden ihr Vaginismus und ihre sexuellen Schwierigkeiten erklärbarer.

Viola schafft es in diesem Traum, aus dem Auto zu entkommen. Ich verdeutliche ihr, dass sie nun aus dem bedrohlichen Beziehungssystem aussteigen kann und nicht mehr in der Opferrolle ist. Folge der Bearbeitung dieses Traums über viele Stunden ist, dass Viola wichtige Autonomieschritte in ihrer aktuellen Lebenssituation gelingen. Zum Beispiel teilt sie ihrer Mutter mit, dass sie sich scheiden lässt und einen neuen Freund hat. Sie sucht sich eine eigene Wohnung.

Auch ihre Reaktionen auf Trennungen werden verständlicher. In Trennungssituationen bekommt sie Panik, wird krank und hat das Gefühl, dass »ein Stück ihrer Seele weggerissen« werde. Den geplanten Umzug eines Freundes in eine andere Stadt erlebt Viola als »totale Isolation, als Entwurzelung, wie zum Galgen verurteilt, wie wenn ich ins Exil müsste«. Sie hat »Todesgefühle«, erlebt sich »nestlos, ohne Halt, ausgeliefert«. Sie hat also ähnliche Gefühle wie ihre Eltern während des Krieges, bei der Flucht aus der Heimat. Violas Reaktionen sind von den traumatischen Trennungserlebnissen ihrer Mutter geprägt. Das Leid der Eltern, im Krieg verfolgt und bedroht zu werden, ihr Trauma, die Heimat, viele Freunde und Verwandte verloren zu haben, sind zum Albtraum und zur Angst der Tochter geworden.

An vielen gegenwärtigen Situationen erarbeiten wir jahrelang, wie die ungelösten Traumata der Eltern Violas Leben überschatten. Viola beginnt nun, sich mühsam von der bedrohlichen Welt der Eltern zu distanzieren, und erkennt, dass diese aufgrund ihrer Traumata unfähig gewesen sind, sie in ihrem Sein und in ihrem Leid wahrzunehmen. Hierzu ein Traum: Viola erzählt, dass sie etwas »Außerirdisches« hochtaucht und immer wieder verzweifelt versucht, die Mutter und den Vater zu erreichen. Es ist aber vergeblich, sie bleibt völlig allein und unbeantwortet. Das schnürt sie zu und nimmt ihr die Luft weg. Das Gefühl, sie tut so viel und wird trotzdem verlassen, sitzt tief. Sie erlebt Verzweiflung, Ohnmacht, Panik. »Das hat was mit dem Tod zu tun«, klagt sie verzweifelt weinend.

Beim Erzählen dieses Traums liegt Viola zusammengekauert wie ein Baby auf der Couch. Sie leidet dabei unter Atemnot. Ich habe nun das Bild eines Babys vor mir, das zu seiner Mutter keinen emotionalen Kontakt aufnehmen kann, weil diese trauert. Dabei denke ich an die vielen Todesfälle, die Violas Mutter erleben musste. Ihre Eltern starben vor Violas Geburt, kurze Zeit später wurde sie von ihrem Ehemann verlassen.

Zögernd teile ich Viola meine Gedanken mit. Erstmals berichtet sie nun, dass auch ihr Vater viele tragische Todesfälle erlebte. Sowohl seine Eltern als auch seine acht Geschwister waren jung an Krebs gestorben, so dass er als Jugendlicher mit 15 Jahren zu seiner älteren Schwester zog, die er wie seine Mutter geliebt hat. Diese starb jedoch mit 42 Jahren an Gebärmutterkrebs. Viola erzählt weiter, dass ihr Vater sie kurz nach dem Tod seiner Schwester gezeugt habe, um mit Leben dem Tod zu begegnen. Über all das sei nie gesprochen worden. Sie berichtet daraufhin erstmals auch, dass sie die Vornamen ihrer verstorbenen Großmutter und der verstorbenen Schwester ihres Vaters trägt. Viola erlebt sich durch diese Namensgebung in die Rolle der Verstorbenen gedrängt. Ich bin überrascht, wie lange Viola diese schwere Last, die Namen von Toten zu tragen, und die Last der tragischen Todesfälle in der Familie des Vaters verdrängt und verschwiegen hat.

Durch meine Bilder und Gefühle kann ich mir die frühe Beziehung von Viola zu ihren Eltern besser vorstellen. Ich spüre Trauer und Entsetzen hierüber, Gefühle, die Viola bisher abgespalten hat. Ihre Eltern waren so von Traumata erfüllt, dass sie sich Viola emotional kaum zuwenden konnten.

Das wochenlange Bearbeiten dieses Traums brachte in Violas Leben eine deutliche Wende: Seit dieser Therapiestunde wirkt sie viel lebendiger und liegt entspannt auf der Couch. Sie verlässt ihre narzisstische Haltung und wird fähig zur Trauer. Ihre bisher blockierten Gefühle wie Verzweiflung, Angst und Trauer, aber auch ihre Zuneigung zu mir sind nun deutlich zu spüren; unsere therapeutische Beziehung wird dadurch inniger, lebendiger und liebevoller.

Nachdem ich Viola gedeutet habe, dass es der Wunsch des Vaters war, Leben weiterzugeben, und dass das nicht bedeute, dass sie das gleiche Schicksal wie ihre Tante habe, äußert Viola zum ersten Mal einen Kinderwunsch. Intensiv setzt sie sich mit ihrer Weiblichkeit auseinander. Ich mache ihr bewusst, dass die Weiblichkeit nicht wie bei der Tante mit einem frühen Tod verbunden sein muss.

Der Raum war voll Sonne und Liebe

Die Arbeit mit Träumen, meine Gefühle und inneren Bilder, das Sprechen über die Todesfälle, das Erkennen der überschatteten Mutter- und Vaterbeziehung, die Trauer hierüber und die Rekonstruktion der Lebensgeschichten der Eltern werden das Fundament für Violas Heilung und Entwicklung.

Viola träumt gegen Ende der Therapie, dass ich ein großes Fest feiere. Meine Familie, meine Freunde und Violas Familie waren bei mir zum Mittagessen. Es war eine Riesentafel. Viola sagt: »Es war schön, bei Ihnen dabei sein zu dürfen. Es ging total italienisch zu. Der Raum war voll Sonne und Liebe.« Viola erfüllt sich in diesem Traum viele Wünsche. Sie verbindet unsere Familien und die beiden Kulturen. Es gibt gleichsam ein Versöhnungsmahl.

Viola erzählt daraufhin ihrer Mutter von den Gedenktagen in Deutschland zum 50-jährigen Kriegsende. Ihre Mutter ist so gerührt, dass sie mit dem Pfarrer ihres Heimatortes spricht und anregt, zum Gedenken an das Massaker eine Versöhnungsmesse zu halten. Ich freue mich, dass Violas Versöhnungsarbeit auch auf ihre Mutter positive Auswirkungen hat.

Am Ende der Therapie stellt Viola fest, dass die Therapie ihr das Leben gerettet habe. Sie habe auch erkannt, dass hinter jedem ihrer inneren Zwänge, ihrer Angst, dem Gefühl, nicht liebenswert zu sein, ihre Vergangenheit und die Geschichte ihrer Familie stünden. »Mir wurde klar, dass es galt, die Familiengeschichte zu analysieren, um mein Leben zu verändern.«

In dieser Zeit lernt Viola ihren zweiten Mann kennen, mit dem sie bis heute eine gute Beziehung verbindet. Inzwischen haben die beiden zwei Kinder miteinander.

■ Die Macht der Vergangenheit

Viola leidet bei Therapiebeginn unter zahlreichen körperlichen Krankheiten, seelischen Beschwerden und vielen Konflikten. Vor allem aber leidet sie unter ihrer Wurzellosigkeit, unter ihrer mangelnden Identität: »Mein Gesicht kenne ich nicht. Ich kann mich nicht spüren«, klagt Viola. Ihr Denken, ihre Einstellungen und ihre Beziehungen sind so stark von den Traumata ihrer Mutter und ihres Vaters überlagert, dass sie sich selbst fremd bleibt. Viola vergleicht ihr Ich mit einem fremden Haus, das wir in der Analyse abtragen mussten, so dass sie nun ihr eigenes Haus aufbauen konnte. Violas »fremde Strukturen«, die Traumatisierungen ihrer Eltern, die frühen Todesfälle in der Familie, die tragischen Folgen des Krieges, die Depressionen der Mutter und das verheimlichte Doppelleben ihres Vaters hinterlassen in Viola tiefe Wunden. Um zu überleben, unterdrückt sie ihre Gefühle und Wünsche.

Die Vergangenheit der Eltern dringt in Violas aktuelles Leben. Sie geht nach Deutschland, sucht »das Land der Mörder und des Retters« auf und setzt sich hier in der Analyse, begleitet von einer deutschen Analytikerin, mit ihrer Vergangenheit und der Vergangenheit ihrer Familie auseinander.

Um die Anonymität von Violas Familie zu wahren, möchte ich die Massaker, die Gräuel, denen sie ausgesetzt gewesen war, nicht näher benennen oder lokalisieren. Interessierten Lesern will ich aber das Buch »Auch Frauen und Kinder« (1995) von F. Andrae empfehlen. Andrae beschreibt das grausame Vorgehen der Wehrmacht gegen die italienische Zivilbevölkerung. So wurden in Italien immer wieder viele Dörfer niedergebrannt, Geiseln hingerichtet, Hunderte von Menschen zusammengetrieben und bestialisch getötet.

Viola erlebt Beziehungen zu Männern so bedrohlich wie ihre Mutter. Im psychoanalytischen Prozess löst sie die Fesseln, die sie mit dem Schicksal der Mutter verbunden haben. Violas Träume, die bisher unerklärlich waren und bedrohliche Gefühle ausdrückten, die wir nicht zuordnen konnten, führen uns zu tragischen Familientabus. Sie erfährt von den Traumata der Mutter, vom Grauen des Krieges, von den Todesfällen. Sie spricht auch über die traumatischen Verluste ihres Vaters, der als junger Mann seine Eltern und acht seiner Geschwister durch Krebs verloren hatte. Die Vornamen Violas – der Name der verstorbenen Schwester des Vaters und der verstorbenen Großmutter (mütterlicherseits) – sind Zeugnis dieser Verluste und drücken aus, welche Erwartungen und Rollen Viola zu erfüllen hat. Sie soll bei ihrer Mutter und ihrem Vater die Verstorbenen ersetzen, ihren Tod ungeschehen machen.

In der Therapie erkennt Viola, dass ihre Mutter kaum erreichbar war: »Sie lebte nur für die Toten. Sie war immer in Trauer.« Der Verlust ihres Jugendfreunds, ihrer Eltern und ihres Mannes verdunkelte so extrem ihre Gedanken und ihre Gefühle, dass sie depressiv wurde und sich Viola gefühlsmäßig kaum zuwenden konnte. Deshalb bot sie Viola wenig Halt, konnte deren Ängste nicht annehmen und war nahezu unfähig, sie als Individuum wahrzunehmen. Viola ist die »Turnfläche«, auf der ihre Mutter ihre Komplexe, Depressionen und Aggressionen »austobt«, wie Viola dieses Phänomen beschreibt. Violas innere Welt ist von der ihrer Mutter durchdrungen, damit werden viele Entwicklungen zur eigenen Identität verhindert. Violas Vaterbild entspricht dem Männerbild ihrer Mutter. Es schwankt zwischen Ablehnung und Idealisierung. Der Vater ist »eklig, das Schwein, der Hurenbock«, aber auch der »geniale Schauspieler«. Er war meist abwesend und bot Viola weder existenzielle und emotionale Sicherheit, noch unterstützte er sie, sich von der Mutter zu lösen und sich anderen zuzuwenden. Sein verheimlichtes Doppelleben mit einer zweiten Frau und einer weiteren Tochter führte zu Verschleierungen, Lügen und Verwirrungen.

Die heilige Familie und die Huren

Die Spaltung in die *heilige Familie* einerseits und in die *Huren* (die Lebensgefährtin des Vaters und die gemeinsame Tochter) andererseits, ermöglichen es Viola und ihrer Mutter, lange Zeit das Bild der heilen Familie aufrechtzuerhalten. Ebenso wird zum Beispiel die Realität der faschistischen Vergangenheit des Großvaters und des Vaters verleugnet. Diese Spaltungen und Verleugnungen sind schwer zu bearbeiten, da Ärger und Hass von Viola und ihrer Mutter abgespalten, projiziert und am Feind bekämpft werden. Violas Eltern wollten ihre Vergangenheit ungeschehen machen, indem sie diese verschwiegen. Auch die gegenwärtige Situation durfte weder betrachtet noch verbalisiert werden. Erst durch unsere therapeutische Arbeit wird in Viola ein differenziertes, integriertes eigenes Vaterbild lebendig.

Das Damoklesschwert über Violas Beziehungen

In Violas wiederholt auftretenden Albträumen stellt sich auch die tradierte Angst der Mutter dar – nämlich von Männern verfolgt zu werden. Diese Träume sind für Viola wieder traumatisierend und beeinflussen ihre Wahrnehmung von Männern sowie ihr Verhalten ihnen gegenüber. Sie wiederholt gefährdende Beziehungen zu Männern in One-Night-Stands und in einer Affäre mit einem bekannten Mafia-Boss. Sie hat also wie ihre Eltern und Großeltern extrem verwirrende, konfliktreiche Beziehungen.

Violas Großmutter, die durch das langjährige außereheliche Verhältnis ihres Mannes mit der Dorfhure tief verletzt war, lebte in einer symbiotischen Beziehung mit ihrer Tochter. Männer wurden dämonisiert und die Frauen etablierten untereinander enge Beziehungen. Es gab also keine gelungenen Beziehungen zwischen den Eltern sowie zwischen Eltern und Kind. Violas Mutter teilte zuerst mit ihrer eigenen Mutter, später mit ihrer Tochter das Ehebett. Im Krieg wurde Violas Mutter durch die Liebesbeziehung mit dem Deutschen zur Hure. Es entstand eine innere Verwirrung: Die Deutschen, die ehemaligen Helden, wurden zu Verbrechern und Mördern, die eigenen Landsleute, die Partisanen, wurden zu Schändern. Diese Traumata wurden in der Familie tabuisiert.

Als Violas Mutter mit ihr schwanger war, brachen diese alten Wunden aufgrund des Verlusts der Eltern und des Ehemanns wieder auf, rührten an ihre frühkindlichen Traumata und ihr Leid im Krieg. Beide Elternteile wiederholten an der Tochter ihre Traumata. Violas Mutter projizierte nun die Lebenssituation ihrer Eltern und ihre Liebesbeziehung mit dem Deutschen auf die »Hure«, auf die Lebensgefährtin ihres Mannes, und später auf Viola. »Wenn du mich verlässt, bist du für mich gestorben, du

Hure«, hielt sie ihr häufig vor. Da Violas Mutter in der Vergangenheit und der Gegenwart gleichzeitig lebte, konnte sie aktuelle Konfliktsituationen nicht von früheren traumatischen Situationen unterscheiden und reagierte darauf mit Depressionen und Aggressionen. Sie war unfähig, für Viola offen zu sein. Sie konnte deren Ängste nicht annehmen, sondern projizierte ihre eigenen Ängste in Viola. Diese Verstrickungen wurden durch den fehlenden Vater verstärkt. Violas Mutter missbrauchte ihre Tochter nun als Ersatzpartner. Sie verbot Viola, ihre Identität und Autonomie zu entfalten, da das Andere, das Fremde für sie bedrohlich war, weil sie es mit ihrem Mann, ihrem Vater, den Feinden und Mördern verband. Violas Ablösungsversuche waren für ihre Mutter so beängstigend, dass sie mehrmals drohte, die Beziehung zu Viola abzubrechen, sie verfluchte und sogar Todes- und Mordphantasien äußerte.

Violas Träume zu Therapiebeginn zeigen, wie die inneren Bilder, die Einstellungen und die Ängste der Mutter ihre innere Welt so beherrschen, dass diese von der bedrohlichen inneren Welt der Mutter belagert ist. In jeder Trennungssituation bekommt sie Panik und »Todesgefühle«, sie sieht sich der Situation »ausgeliefert«. Violas Gefühle wurzeln in den existenziell bedrohlichen Traumata ihrer Eltern. Sie prägen auch Violas Erleben unserer Beziehung. Jede Unterbrechung der Therapie wegen des Wochenendes oder während der Ferien erinnert sie nicht nur an eigene traumatische Trennungen, sondern auch an die ihrer Eltern: »Wenn ich Sie einmal nicht mehr gesehen habe, war das, wie wenn ich Sie nie wiedersehen würde. Jede Trennung ist, als wenn ein Stück von meiner Seele weggerissen wird … das Damoklesschwert über meinem Kopf …«

Viola kann in der Therapie aber ihre Ängste, ihre Panik und ihre Trauer zulassen und darüber sprechen. Als Metapher für ihre familiäre Situation weist sie wiederholt auf das Theaterstück »Sechs Personen suchen einen Autor« von Pirandello hin und zitiert daraus: »Sie schleppen das beinahe tote Gewicht der anderen mit sich«. Im Lauf der Therapie kristallisieren sich die einzelnen Traumata der Eltern und Großeltern heraus und können bearbeitet werden. Dadurch erst kann sich Viola auch aus deren innerer Welt befreien, kann mehr und mehr ihre eigenen Beziehungen gestalten und ein eigenes Leben führen.

Eine entscheidende Wendung tritt in Viola nach der Bearbeitung des Traums ein, in dem sie einen Gegenstand aus der Tiefe hochtaucht. Meine eigenen inneren Bilder eines Babys, das keinen emotionalen Kontakt zur trauernden Mutter herstellen kann, führen uns zu vielen neuen Einsichten. Da ich mich zu diesem Zeitpunkt selbst in Trauer befinde, bin ich für Viola auch emotional weniger erreichbar als sonst. In unserer Beziehung wiederholt sich also Violas frühes Trauma: Wie ihre Eltern nicht über die familiären Todesfälle sprachen, verschweige auch ich zunächst den Tod meines Stiefvaters. Während Violas Eltern aber im Schweigen verharrten, gelingt uns ein Dialog über die beklemmende Situation. Ich kann in dieser Szene meine Trauer zulassen und das Geschehene sowie meine inneren Bilder mitteilen. Das Überwinden der Sprachlosigkeit, der Dialog darüber, führt bei Viola zu großen Veränderungen. Ihre körperlichen und inneren Spannungen lösen sich. Ihre Krankheiten und psychischen Störungen verbessern sich erheblich.

Der oben genannte Traum von Viola war gleichsam ihr Schlüsseltraum zu vielen bisher abgespalteten tradierten Traumata der Eltern und offenbarte die Bedeutung, die diese für Viola hatten – nämlich eine tiefe innere Einsamkeit. Durch das Bearbeiten dieses Traums konnte Viola die verstorbene Großmutter und die Tante betrauern und sich damit von diesen distanzieren. An vielen Träumen lernte Viola, ihr Schicksal von dem Schicksal anderer zu trennen und die einzelnen Traumata zu sortieren. So bekam sie Zugang zu ihren Gefühlen, ihrer eigenen Weiblichkeit und ihrem Kinderwunsch.

■ Von Fesseln befreit

Viola nimmt Kontakt mit der zweiten Lebensgefährtin ihres Vaters und der gemeinsamen Tochter auf und liest viele Briefe, die ihr Vater während des Krieges an ihre Mutter geschrieben hatte.

Hier zeigt sich für Viola erstmals die leidenschaftliche Liebe, die beide damals verbunden hatte.

Während des Therapieverlaufs wird Viola auch sukzessive beruflich erfolgreicher. Ihre Gefühle lässt sie nun mehr und mehr zu. Sie wirkt fraulicher, lebendiger und entspannter. Ihre Freundschaften mit Frauen entwickeln sich intensiver und offener. Auch die Beziehung zu ihrem zweiten Mann wird harmonischer, Vaginismus tritt nicht mehr auf, Viola ist orgasmusfähig.

In unserer therapeutischen Beziehung erlebt sie erstickte Gefühle und alte unbewusste Konflikte wieder. Schmerzen, Trauer und Wut, aber auch liebevolle, freundschaftliche Gefühle entfalten sich zwischen uns. Sie lernt, die Welt ihrer Eltern von ihrer eigenen zu unterscheiden. Ihre Fähigkeit zur Selbstanalyse und zur Reflexion wächst während der fünfjährigen Therapie. Das Handwerkszeug bekommt sie in der Therapie: genau hinzuschauen, genau hinzuhören und genau wahrzunehmen, was der oder die andere mitteilt und wie er oder sie es tut und welche Gefühle, Gedanken und Traumbilder zum anderen gehören oder zur eigenen Person.

Auch nach Abschluss der Therapie wird Viola in Trennungssituationen oder in Beziehungskonflikten mit ihrem Mann, die beiden Bereiche, die durch die Traumata der Eltern besonders labil sind, aufpassen müssen, um nicht in alte Familienmuster zurückzufallen.

Abschließend möchte ich Viola selbst zitieren. Sie schreibt: »Meine Analyse hat mir ein neues, lebenswerteres Leben geschenkt. Sie hat es möglich gemacht, aus mir, einem Menschen, der früher voller Ängste und Schuldgefühle, unsicher und lebensunfähig war, eine ausgeglichene Frau zu machen, mit einem intensiven Leben, das ich selbstbewusst und mit allen Höhen und Tiefen auskosten kann. Nach fünf Jahren sehe ich heute die Analyse deutlich als ein Privileg, das einem erlaubt, intensiver, lebendiger, freier, runder zu leben.«

Diesen Behandlungsbericht habe ich zusammen mit meiner Patientin Viola ausführlich in unserem Buch »Unsichtbare Fesseln lösen. Zwei Berichte über eine Psychoanalyse – von der Therapeutin und ihrer Patientin« (1997) dargestellt.

■ Transgenerationale Weitergabe von Traumata

>»Die Schichten unseres Lebens ruhen so dicht aufeinander, daß uns
im Späteren immer Früheres begegnet, nicht als Abgetanes und
Erledigtes, sondern gegenwärtig und lebendig.«
>
> Bernhard Schlink

■ Grundlegende Gedanken zum Trauma

Die beiden Zitate »Wir gehen immerfort über und über zu den
Früheren, zu unserer Herkunft und zu denen, die scheinbar nach
uns kommen« von Rilke und »Sie schleppen das beinahe tote
Gewicht der anderen mit sich« von Pirandello sowie die Aussage
von Schlink weisen auf Verflechtungen zwischen den Generationen, zwischen den Lebenden und den Toten, zwischen der Vergangenheit und der Gegenwart hin.

Diese Verstrickungen klingen paradox und unverständlich,
aber sie beschreiben geheimnisvolle Phänomene, denen wir alle
schon einmal begegnet sind oder die wir zumindest erahnt haben.

Kennen wir nicht alle wie Viola Phasen in unserem Leben, in
denen wir das Gefühl haben, Rollen und Erwartungen unserer
Eltern erfüllen zu müssen? Schleppen wir nicht auch – wie Viola
– zeitweise die Depressionen und die unverarbeitete Trauer über
Todesfälle unserer Eltern mit?

Wie kann man sich diese Phänomene erklären? Warum werden Kinder zur Projektionsfläche, zum »Mülleimer« für die Depressionen ihrer Eltern? Wie greifen die Generationen ineinander? Gibt es Modelle, die diese Phänomene erhellen? Wie werden
die Traumata der Eltern zu Traumata der Kinder?

Diesen Fragen möchte ich genau nachgehen. Hierzu stelle ich
psychoanalytische Literatur vor, die das Phänomen der transge-

nerationalen Weitergabe von Traumata beschreibt und vorstellbarer macht. Bei der Schilderung der in der Literatur erwähnten Fallbeispiele lege ich meinen Schwerpunkt gezielt auf die Darstellung von Träumen, in denen sich meines Erachtens die Traumata der Eltern spiegeln.

Zur Definition: Traumata sind überwältigende Ereignisse, sie überschwemmen und überfordern die Betroffenen, so dass diese die bedrohlichen Situationen, Bilder und Gefühle nicht verarbeiten können.

Man unterscheidet verschiedene Formen von Traumata. Sie können durch körperliche Gewalt, wie zum Beispiel Misshandlungen und Folter, oder durch sexuellen Missbrauch entstehen. Aber auch Todesfälle, die nicht genügend betrauert worden sind, zum Beispiel der Tod eines Elternteils, eines Geschwisters oder des Partners, können traumatisierend sein. Auch der Verlust der Heimat kann ein Trauma zur Folge haben. Denn die Betroffenen können die extreme Erregung, die bedrohlichen Gefühle, die Panik und die Angst, die solche schrecklichen Ereignisse auslösen, nicht verarbeiten, sie fühlen sich dann ausgeliefert. Dadurch entstehen in den betroffenen Menschen tiefe Einbrüche und Verwundungen im geistigen, körperlichen und seelischen Bereich; es kommt zu Traumatisierungen. Eine Vielzahl von psychischen Störungen und körperlichen Krankheiten können Folgen von Traumatisierungen sein. Traumatisierte Personen neigen dazu, in Situationen, die sie an die ursprüngliche, traumatische Szene erinnern, mit intensiven Affekten wie Schreckreaktionen, Ängsten, Depressionen oder Aggressionsdurchbrüchen zu reagieren. Da sie die Traumata weder vergessen noch verarbeiten können und Spuren im seelischen und körperlichen Bereich bestehen bleiben, reagieren sie immer wieder mit so extremen Gefühlen wie in der ursprünglich traumatisierenden Situation. So erlebt Violas Mutter infolge akkumulierender Trennungstraumata jede Trennung, jeden Abschied wieder traumatisierend. Sie bekommt Todesangst und Herzanfälle. Nun empfindet auch Viola Trennungen traumatisierend. Das Trauma lebt in ihr fort.

Außerdem geht beim Traumatisierten die Fähigkeit zur Symbolisierung, also dem Trauma Ausdruck zu verleihen, indem er zum Beispiel über die schrecklichen Ereignisse spricht, verloren. Denn infolge des Traumas brechen die inneren tragenden Beziehungen zusammen und damit reißt die innere Kommunikation ab, das heißt der Traumatisierte verinnerlicht unberechenbare, brüchige Beziehungen. Neue Beziehungen erlebt er wieder negativ (Bohleber 2000, S. 828). Traumatisierte Menschen werden deshalb zusehends seelisch isoliert, vereinsamen und verlieren schließlich auch ihre Hoffnung.

Erinnern wir uns noch einmal an Violas Mutter: Sie wurde im Krieg mehrfach traumatisiert. Noch Jahrzehnte später lebt sie mit ihren Töchtern wie zu Kriegszeiten und vermittelt ihnen Männer als extrem bedrohlich. Sie bezeichnet den Penis sogar als Waffe und verbietet ihren Töchtern den Kontakt zu Männern. Viola übernimmt diese tiefe Angst und ist in ihrer Sexualität infolge des Vaginismus völlig blockiert.

Um seelisch nicht zu zerbrechen, neigte Violas Mutter, wie viele Betroffene, zu Projektionen. Sie verlor die Fähigkeit, das Erlebte in sich zu halten und es in sich zu bewältigen. Infolgedessen wurden ihre überwältigenden, bedrohlichen Gefühle, ihre existenziellen Ängste, ihre archaischen Aggressionen und ihre schrecklichen inneren Bilder an die innere Welt ihrer Tochter unbewusst weitergegeben.

Ich möchte das an einem Beispiel erläutern. Die Mutter von Maria, einer Patientin, wurde als junges Mädchen mit der gesamten Familie aus ihrer Heimat vertrieben. Bei der Flucht verunglückten die Eltern tödlich. Marias Mutter reagierte mit einer Depression, zog sich zurück, hatte wenig Interesse an ihrer Umgebung, verstummte. Selbst Jahrzehnte später konnte sie weder zu ihrem Mann noch zu ihrer Tochter Maria eine tragfähige emotionale Beziehung aufbauen. Sie war psychisch wie tot und daher unfähig, ihre Tochter anzunehmen. Die familiäre Atmosphäre sowie die Mutter-Kind-Beziehung waren erfüllt von Angst und Panik. Das führte auch bei Maria zu zahlreichen Ängsten und Traumatisierungen, zu einer großen inneren Einsamkeit und schließlich, wie bei der Mutter, zu einer Depression. Maria wurde wie Viola und viele andere meiner Patienten in die dunkle und bedrohliche Welt der Mutter hineingezogen. Sie träumte vorwiegend vom Tod und von Verlusterlebnissen, zum Beispiel davon, dass sie selbst ein Kind hat, das ihr »wegrutscht« und stirbt. Sie war wie ihre Mutter von Todesangst so erfüllt, dass sie sogar noch als Zwanzigjährige kaum das Haus verlassen konnte, in sozialer Isolation lebte und keine Freunde hatte. In der psychoanalytischen Behandlung distanzierte sie sich von dieser angsterfüllten Welt der Mutter und begann ihr eigenes Leben zu gestalten. Am Ende der Therapie träumte sie, dass sie der Mutter »ihre Toten« zurückgibt, und bedankt sich, weil sie, aus der Dunkelheit kommend, neues Leben erhalten habe.

Weil die traumatisierten Mütter und Väter über ihre ursprünglichen Traumatisierungen meist nicht sprechen können, herrscht in solchen Familien Sprachlosigkeit. Diese ist deshalb so unheilvoll, weil die Kinder das Geschehen in der Familie nicht zuordnen können und die Angst der Eltern vor dem Verheimlichten und Tabuisierten spüren. Gemeinsam mit den Patienten muss man die Sprachlosigkeit und die Ängste überwinden und sich mit viel Geduld und Intuition über viele Jahre hinweg zu diesen unbewussten vermittelten Traumata vorarbeiten. Das ist einer der Gründe, weshalb dieses Phänomen in der Psychoanalyse jahrzehntelang kaum systematisch erforscht werden konnte.

Die meisten meiner Patienten sind im Zeitraum von 1945 bis 1980 geboren. Das bedeutet, dass die Großeltern und Eltern im Schatten des Ersten und Zweiten Weltkriegs lebten. Viele wurden durch die Kriege, die Zeit zwischen den Kriegen und die Nachkriegszeit schwer traumatisiert.

Obwohl meine Patienten das Grauen des Kriegs nicht selbst erlebt haben, tragen sie erstaunlicherweise viele innere Bilder, Panikgefühle und Ängste ihrer Eltern in sich, als ob sie den Krieg selbst hautnah erlitten hätten.

Insbesondere bei der Behandlung der Nachkommen von Juden, welche der Massenvernichtung im »Dritten Reich« entkamen, zeigte sich, dass die ganz spezifischen Gräueltaten, die diese in den Konzentrationslagern erlebten, auch noch auf ihre Kinder tiefgreifende Auswirkungen hatten und sich häufig sogar tragisch wiederholten. Obwohl die betroffenen Kinder meist nichts über die Qualen, die Folter und das Elend der Eltern wussten, weil diese nicht darüber sprechen konnten, wurden sie von den elterlichen inneren Bildern zu deren Traumatisierungen von ihrer Panik, ihrer Angst und ihren Albträumen gequält, als wären diese auf sie übergegangen.

Seit den achtziger Jahren des 20. Jahrhunderts wurden die seelischen Folgen des Nationalsozialismus und des Zweiten Weltkriegs vermehrt Gegenstand psychoanalytischer Untersuchungen. Es erschienen Arbeiten über Kinder von »Holocaust«-Überlebenden, später auch über Kinder, deren Väter im Krieg »Täter« oder »Mitläufer« waren (zum Beispiel von M. Bergmann, A. Eckstaedt, Y. Gampel, A. Jokl, M. Jucovy, J. Kestenberg, Y. Kogan und T. Moser). Die Autoren stellen eindrucksvoll dar, wie die Welt dieser Patienten von den Schicksalen der Eltern erfüllt war und dass sie erstaunlich oft so lebten, als ob ihnen diese selbst widerfahren wären und sie häufig sogar konkret wiederholten. Diese Phänomene möchte ich an spezifischen transgenerationalen Traumata von Nachkriegskindern veranschaulichen.

■ Spezifische Traumata der Nachkriegsgeneration

Mehr als 50 Millionen Menschen haben durch den Zweiten Weltkrieg und das »Dritte Reich« ihr Leben verloren. Sechs Millionen Juden wurden vernichtet. Etwa 20 Millionen Menschen wurden vertrieben. Städte wurden zertrümmert, Kulturen zerstört. Das bedeutete für fast alle Familien unsagbare Verluste, Schrecken, Leid, wirtschaftliche Not und den Zerfall vieler Werte. Die familiären Beziehungen wurden durch lange Trennungen und Traumatisierungen zerrüttet, damit zerriss der Dialog zwischen den Paaren sowie zwischen den Generationen. Viele Menschen zerbrachen innerlich daran. Frauen und Kinder waren infolge der Bombenangriffe, der Flucht, des Hungers und der Kälte körperlich ausgemergelt und aufgrund der ständigen Bedrohung und Angst, vernichtet und vergewaltigt zu werden, seelisch erschöpft. Waren ihre Männer, Väter und Brüder im Krieg gefallen, blieben sie einsam und ungeschützt. Kamen diese zurück, waren sie durch schreckliche Kriegserlebnisse, Verletzungen, Hunger und Kälte und die häufig mehrjährige Kriegsgefangenschaft seelisch und körperlich verwundet. Viele zerbrachen innerlich an dem Leid, das sie verursacht hatten, an der unverarbeitbaren Schuld und Scham infolge von Mord und Vernichtung wie auch an den inneren und äußeren Wunden, die ihnen zugefügt worden waren. Die seelischen Folgen des Kriegs waren entsprechend dem jeweiligen Kriegsschicksal und der jeweiligen Schuld verschieden schwerwiegend. Natürlich waren auch die Bewältigungsmöglichkeiten der Betroffenen ganz unterschiedlich.

Jahrzehntelang wurde über die Folgen des Zweiten Weltkriegs und dessen psychische Bedeutung geschwiegen. Sprachlos geworden, waren diese traumatisierten Menschen meist unfähig, ihr Leid auszudrücken.

Trümmerkinder

All die genannten Traumata und die Mechanismen, damit umzugehen, zeigten sich in Violas Familie deutlich. Nun stellt sich die Frage, wie sich die Traumata der Eltern auf die Kinder auswirkten und wie sie sich in deren Träumen offenbarten.

Besonders beeindruckt hat mich die Darstellung der Therapie eines Patienten A. Jokls. Die Autorin beschreibt, wie sehr dieser Patient dadurch belastet ist, dass er der Sohn eines fanatischen SS-Führers ist (über seine Mutter wird kaum etwas berichtet). Er lebte – wie Viola – gleichsam ohne Wurzeln. Bereits im ersten Traum zeigte sich seine tiefe existenzielle Verwundung. Er träumte, dass er uriniert und sieht, dass sein Urin schwarz ist, was für ihn bedeutet, dass er sterben wird. Dieser Patient symbolisierte im Traum seinen inneren Tod und seine Bedrohung. Auch in den folgenden Bildern thematisierte er Tod und Vernichtung: »Verbrannte Erde; ein schrecklich verstümmelter Mann, dessen Rückgrat gebrochen ist; ein Mann erschießt den entsetzlichen Krüppel, nimmt ihn auf seine Schultern und kann ihn nie mehr loswerden.« In einem weiteren Traum war er ein Soldat, der Paris einnahm. Bei der Bearbeitung dieser Träume zeigt sich, dass der Patient im Traum Mörder und Opfer zugleich war. Jokl beschreibt, wie der Patient durch seine inneren Bilder und Träume schließlich das fatale Erbe des Vaters, der dem Nationalsozialismus verfallen war, begreift. »Ich bin ein Sohn, ich habe keinen anderen Vater, auch wenn er mir Gift vererbt hat.«

Jokl beschreibt, wie Kinder, die das »Dritte Reich« nicht selbst erlebt haben, Symptome und innere Bilder entwickeln, die sie in die grausame Welt ihrer Eltern führen, als wäre es die ihre.

Auf dieses Phänomen weist auch J. Hardtmann hin. Sie berichtet unter anderem von einer Patientin, die träumte, dass die Gestapo nach einem Kind fahnde, das Schutz in einer Wohnung des NS-Frauenbundes gesucht hatte; die Frauen liefern das Kind aus. Für die Patientin repräsentierte das Kind im Traum ihren eigenen Sohn. Sie erlebte sich selbst als Mittäterin (Hardtmann 1995, S. 242). Eine andere Patientin träumte, dass sie einen Mann und eine Frau in Uniform belauscht, die den Faschismus in der Welt verbreiten wollen. Sie begegnet Flüchtlingen, die dann den Nazis in die Hände fallen. Schließlich endet ihr Weg in einem Konzentrationslager. Vor der Praxis ihrer Psychoanalytikerin begegnet sie Nazis, denen sie im Traum nicht mehr ausweichen kann (Hardtmann, S. 254). Auch diese Träume offenbaren, dass die faschistische Vergangenheit der Eltern in den Kindern weiterlebt. Sie sind mit deren innerer Welt identifiziert. Sie erleben sich als Nazis und Juden. Möglicherweise leben die traumatischen Szenen, die ihre Eltern im »Dritten Reich« erfuhren, in ihnen weiter. Hardtmann berichtet, dass diese Patienten von den Eltern innerlich kaum getrennt und unfähig seien, sich von der Vergangenheit der Eltern zu lösen. Vergangenheit und Gegenwart flössen ineinander, ein Phänomen, auf das schon mehrfach hingewiesen wurde.

Ihre Träume handeln von Gewalt, Hilflosigkeit, Demütigungen und Vernichtung. Sie leiden unter psychosomatischen Störungen, Depressionen, Schlafstörungen, Konzentrationsunfähigkeit sowie Störungen der Ich-Funktionen und neigen dazu, sich über sich selbst und andere Illusionen zu machen. Hardtmann betont, dass diese Patienten sich fremd in ihrer Seele und in ihrem Körper fühlen und sich puppenhaft und starr verhalten.

A. Eckstaedt beschreibt in ihrem Buch »Nationalsozialismus in der zweiten Generation« mehrere Behandlungen von Nachkriegskindern und die vielfältigen Identifizierungsprozesse in der zweiten Generation. Sie stellt zum Beispiel die Behandlung eines Patienten vor, dessen Analyse mit folgender Aussage begann: »Das sind meine Hände, das sind die Hände meines Vaters. An den Händen meines Vaters ist Blut.« Das Thema Krieg zog sich durch die gesamte Analyse. Der Patient träumte unter anderem, dass er sich in einem Gefangenenlager befände, das mit Stacheldraht umgeben ist. Er assoziierte zu diesem Traumbild, dass er sich selbst als ausgehungerten Gefangenen erlebe und dadurch vereinsamt sei (Eckstaedt 1998, S. 116). Die Kinder der zweiten Generation übernehmen durch die Identifizierung mit den Eltern einerseits die Opferrolle und andererseits die Täterrolle. Dieser Widerspruch führt zu Spannungen und Ich-Verzerrungen.

Eckstaedt weist darauf hin, dass die Patienten klare Aussagen brauchen, um die Wahrheit finden zu können, denn die Unfähigkeit ihrer Eltern, sich zu bekennen, ihre wahre Geschichte zu erzählen, bedeutete für die Patienten eine dauernde Ungewissheit. Da viele Tatsachen verleugnet und verharmlost wurden, entstanden bei den Kindern Verzerrungen, Unterwerfungen und aus Unsicherheit Hörigkeitsverhältnisse. Die Eltern zwangen ihre Kinder in eine paranoide und illusionäre Welt. Auch die Generationsgrenzen wurden unscharf, da die Eltern ihre Kinder in unangemessene Rollen drängten, zum Beispiel in die des Partners oder die der eigenen Elternteile. Viele Patienten hätten die Hoffnung auf Wahrheit und Liebe verloren, litten seither unter chronischer Enttäuschung und Unzufriedenheit. Die Welt der Eltern müsse deshalb in der Analyse in Frage gestellt werden, so dass »aus Verkennen Erkennen werde« (Eckstaedt 1998, S. 397). Da viele Patienten ihre eigenen Gefühle oder die ihrer sozialen Umgebung selbst nicht empfinden könnten und dadurch die Auswirkungen ihres versteinerten Verhaltens nicht wahrnähmen, müssten sie, so Eckstaedt, wieder lernen, Zugang zu ihren Gefühlen und Empfindungen zu bekommen.

Diese von Eckstaedt beschriebenen therapeutischen Prozesse waren in der Behandlung von Viola deutlich sichtbar.

Die Shoah – Überlebende und ihre Kinder

> »Die Tortur ist das fürchterlichste Ereignis,
> das der Mensch in sich tragen kann.«
> Jean Améry

Sechs Millionen europäische Juden wurden im »Dritten Reich« in Deutschland Opfer einer ungeheuerlichen Massenvernichtung. Im Hebräischen wird diese Katastrophe »Shoah« genannt, was Vernichtung, Unheil und Zerstörung bedeutet. In den englischsprachigen Ländern hat sich für diesen Genozid an den Juden das Wort »Holocaust« eingebürgert. *Holocautaio/in* bedeutet im Griechischen »ein Brandopfer darbringen«. Es handelte sich ursprünglich um ein Tieropfer, das auf einem Altar verbrannt wurde. Da meines Erachtens das Ausmaß der Katastrophe der Vernichtung der Juden im Nationalsozialismus in dem Begriff »Holocaust« nicht zum Ausdruck kommt und das Grauen verleugnet wird, verwende ich den Begriff »Shoah«.

Ein Großteil der Überlebenden nahm sich nach der Befreiung aus den Konzentrationslagern oder auch noch Jahrzehnte später das Leben. Die wenigen Überlebenden haben viele Traumata erlitten: Sie haben nicht nur ihre Heimat, ihre Existenz, ihr Hab und Gut verloren, sondern meist auch ihre gesamte Familie und ihr soziales Netz. Sie sind körperlich misshandelt und ausgebeutet worden, wurden beraubt, haben unter Kälte, Hunger und Erschöpfung gelitten, waren Unmenschlichkeit, Demütigungen, Folterungen und Vergewaltigungen ausgesetzt und waren ständig von der Vernichtung bedroht. Erinnern wir uns an die eingangs beschriebenen Auswirkungen eines einzigen Traumas und die damit verbundenen Reaktionen und Störungen, so ist es kaum vorstellbar und in Worten auszudrücken, welche tiefen Wunden die jahrelange Tortur in den Seelen der Opfer hinterlassen hat.

Diese gedemütigten Menschen litten unter psychosomatischen Beschwerden, waren ängstlich, chronisch depressiv und hatten Schlafstörungen sowie Wahrnehmungs- und Gedächtnisstörungen. Viele lebten völlig isoliert. Manche verbrachten ihr

Leben wie Gefangene, fühlten sich innerlich tot, wie »lebende Leichname«, waren apathisch und hatten sämtliche Hoffnungen verloren. Viele wurden auch noch Jahre später vom Grauen verfolgt, sie fühlten sich ihr Leben lang bedroht. Albträume quälten sie, sie waren meist unfähig, über ihre grausamen Erfahrungen zu sprechen, und waren wie versteinert.

Die ungeheuerlichen Erlebnisse überforderten ihre seelische Verarbeitungsfähigkeit und drangen deshalb ungefiltert in das Leben der nachfolgenden Generation ein, so dass diese phasenweise so lebte, als ob der Schrecken und das Grauen weiter existierten. Dieses Phänomen bezeichnet Kestenberg als »Transposition in die Welt der Vergangenheit«. Dieser Mechanismus bewirkt, dass das Individuum von der gesamten traumatischen Szene erfasst wird. So wiederholt sich das Verhängnis der Eltern, von Vernichtung bedroht zu sein, an den Kindern. Diese haben Unfälle, begehen Suizid oder haben schwere, lebensbedrohliche Krankheiten. Sie leben unter der Bedrohung von Vernichtung und haben die zerbrochene Identität ihrer Eltern verinnerlicht (Laub et al. 1995).

Das Leid der Eltern ist häufig so groß, dass die Kinder wenig Raum für ihre eigenen Konflikte und Entwicklungen haben. Manche Überlebende sehen in ihren Kindern ihre ermordeten Familienangehörigen. Diese Kinder werden in die Rollen der Toten gedrängt und tragen oft auch deren Namen. Manche Eltern erleben dagegen ihre Kinder unbewusst als Verfolger, andere weisen ihnen Helfer- oder sogar Retterfunktionen zu.

In den Behandlungsberichten von Gampel, Jokl und Kogan zeigen sich diese tragischen Verwobenheiten zwischen den Generationen besonders eindrucksvoll. Jokl beschreibt in dem Buch »Zwei Fälle zum Thema ›Bewältigung der Vergangenheit‹« (1997) die Therapie eines Patienten jüdischer Abstammung, der mit seiner Mutter dem Ghetto entfloh. Sein Vater starb in Auschwitz. Zwei Jahre lebte dieser Patient mit seiner Mutter in einer Höhle unter einem Kuhstall. Er durfte diese Höhle nicht verlassen und erblickte nie das Tageslicht. Deshalb war er fast blind und konnte kaum gehen. Der Patient litt unter Ängsten, Zwangsideen und Zwangshandlungen. Er hatte wiederkehrende, bedrohliche Träume. Zum Beispiel träumte er, dass er schrecklich verwundet ist, weil er tödliches Gift – Coloquinte – eingeatmet habe, das seine Lunge zerfraß. Bei einem furchtbaren Hustenanfall erbrach er und fürchtete zu sterben. Beim Bearbeiten dieses Traums assoziierte der Patient zu dem Wort »Coloquinte« ein Insektenvertilgungsmittel und schließlich ein Gas, mit dem Juden vergast wurden. Der Patient träumte, dass er eine klebrige, braune Flüssigkeit, die das Blut von Heuschrecken symbolisierte, erbrach und drückt damit aus, dass er sein Selbst als Ungeziefer erlebte, das vertilgt werden muss. Wie der Vater, der wahrscheinlich im »Dritten Reich« wirklich vergast wurde, erlebte sich auch der Patient vergiftet. Durch den psychoanalytischen Dialog und das schmerzvolle Begreifen des Ungeziefertraums verschwanden die meisten Zwangsgedanken und -handlungen dieses Patienten, seine schreckliche Isolation war überwunden. Die Suche nach seiner eigenen Identität konnte damit beginnen. Hier zeigt sich besonders deutlich, wie die Vernichtung des Vaters sich im Traum des Patienten als dessen eigene Vernichtung darstellt und wie weitreichend die Behandlungserfolge sein können, wenn diese furchtbaren Ereignisse im Traum dargestellt, mitgeteilt und im psychoanalytischen Prozess behandelt werden können.

Gampel berichtet von einer Patientin, deren Vater aus Polen stammte und als Kind nach Israel kam. In einer der ersten Sitzungen sagte sie, sie wolle »kein elektrischer Zaun im Warschauer Ghetto sein«, da Kinder, die diesen Zaun berühren, einen Schlag bekommen und sterben. Bei der Mutter fragte Gampel nach, ob die Familie vom »Holocaust« betroffen gewesen sei. Sie erfuhr, dass der Vater der Patientin als Kind im Warschauer Ghetto und in einem Konzentrationslager gewesen war. Seine gesamte Familie wurde umgebracht. Darüber wurde zu Hause aber nie gesprochen. In mehreren therapeutischen Sitzungen bearbeitete Gampel nun mit der Patientin und ihrer Mutter den Zusammenhang zwischen den Symptomen der Patientin – sie litt unter Amnesien und Absenzen – und der Lebensgeschichte ihres Vaters. Die Symptome verschwanden daraufhin. Nur wenn Patienten von den Schicksalen ihrer Eltern erfahren, können sie ihre Träume, ihre Gefühle, ihre inneren Bilder und Symptome verstehen und somit auch geheilt werden.

In einem weiteren Beispiel beschreibt Gampel die Behandlung einer Patientin, deren Eltern auch ihre eigene traumatische Geschichte verheimlichten. Um ihrer Tochter Informationen über die Shoah vorzuenthalten, sprachen sie in einer ihr fremden Sprache. Ihre Fragen blieben also unbeantwortet, ihr Zuhause war voller Geheimnisse. Die Patientin fühlte sich von ihren Eltern getäuscht und verlor den Glauben, sich durch Worte informieren zu können. Sie hatte das Gefühl, nicht zu existieren, war extrem isoliert und beziehungsunfähig. Folgender Traum verdeutlicht ihre innere Welt: »Sie binden jemanden in Eisenketten, fesseln ihn am ganzen Körper, als ob sie ihn foltern. Sie schütteln ihn. Sie halten ihn in ihrer Gewalt.« Auch ihre Therapeutin erlebte sie als Bedrohung und Verursacherin ihres Leidens und übertrug damit die bedrohliche innere Welt ihrer Eltern auf die Therapeutin. In der Analyse konnte sie sich die Ursachen ihrer Phantasien und Konflikte bewusst machen. Sie informierte sich, ging Verheimlichtem und Verworrenem nach, erforschte die Vergangenheit ihrer Eltern und beschäftigte sich mit der Massenvernichtung der Juden im »Dritten Reich«. Sie erfuhr, dass ihr Vater und seine ganze Familie vertrieben worden waren. Das Wissen um die Vergangenheit der Eltern führte bei der Patientin zu dem Gefühl, selbst realer zu sein, und ermöglichte es ihr, ihr eigenes Leben von dem ihrer Eltern deutlicher abzugrenzen.

Die transgenerationale Weitergabe traumatischer Erfahrungen von Juden, welche die Shoah überlebten, beschreibt Gampel mit dem Begriff »radioaktive Identifizierung«. Bei diesem Prozess dringen Schrecken, Gewalt und zerstörerische Aspekte wie eine radioaktive Strahlung in das Kind ein, wobei sich weder die Eltern noch das Kind über diesen Vorgang bewusst sind. Die betroffenen Kinder handeln dann nach einem Drehbuch, das nicht ihr eigenes ist, sondern Teil der Geschichte ihrer Familien (Gampel 1995, S. 147). Sie träumen von der Verfolgung durch die Nazis, vom Stacheldraht, von Gaskammern, von Erschießungen, von Foltern und Verstümmelungen, als hätten sie die Traumata ihrer Eltern selbst erlebt und werden selbst zu Verfolgten und Gejagten.

Eindrucksvoll stellt Gampel in ihren Behandlungsberichten

dar, wie allumfassend und vernichtend diese »radioaktiven Identifizierungen« waren und wie schutzlos ihr die Umgebung der Opfer und auch die nachfolgenden Generationen ausgeliefert sind.

In ihrem Buch »Der stumme Schrei der Kinder« (1998; Original 1995) schildert Kogan die Behandlung von Patienten, deren Eltern den »Holocaust« überlebten. Auch sie berichtet von Patienten, die mit den Traumata ihrer Eltern so identifiziert waren, dass sie lebten, als ob sie ihnen selbst widerfahren wären. Eine Patientin träumte, dass ihr eine Frau ein Glas Milch anbot, das nach Asche schmeckte. Dieses Traumbild stellt die traumatische Vergangenheit der Mutter dar, die als Kind im Konzentrationslager gewesen war und deren Eltern dort verbrannt wurden.

Kinder von Überlebenden träumen von den Traumata der Eltern und neigen sogar dazu, so auch Kogan, deren traumatische Erlebnisse im eigenen Leben nachzuvollziehen. Sie bezeichnet das als »Konkretisierung«. Auch sie schildert detailliert, wie umfassend die Gedanken, Gefühle, Erwartungen, Ängste und Träume ihrer Patienten, und damit auch die therapeutische Beziehung, von der Vergangenheit der Eltern durchdrungen waren.

Bei diesen Kindern werden Traumatisierungen laut Kogan auf folgende Weise weitergegeben: Eltern vermitteln ihren Kindern Gefühle wie Trauer und Aggression, weil sie diese Gefühle nicht in sich halten oder mit anderen erwachsenen Partnern teilen können. Dieser Vorgang der projektiven Identifizierung dient zwar den Eltern als Schutz vor Selbstzerstörung, hat aber zur Folge, dass die Kinder durch die elterlichen Traumata selbst traumatisiert werden. Kinder, die die Bedürfnisse ihrer Eltern empathisch erfüllen und sich in deren Erlebnisse und Affekte einfühlen, verzichten auf ihre eigenen Bedürfnisse, liefern sich aus und werden durch die emotionale Unzulänglichkeit ihrer Eltern traumatisiert. Wenn Eltern viele unbetrauerte Verluste erlitten hatten, treten ihre Kinder sogar an die Stelle von Toten und geben sich dabei selbst auf.

Bohleber fasst die weit reichende und tragische Bedeutung der Shoah für die Nachkommen sowie spezifische Mechanismen und Kennzeichen der Identifizierungsprozesse der Kinder zusammen (Bohleber 2000, S. 817). Die Identifizierung findet nicht mit der Person oder den Eigenschaften von Vater oder Mutter allein statt, sondern sie umfasst die gesamte traumatische Geschichte, die vor der Lebenszeit der Kinder lag. Diese Kinder kreisen um die Themen Tod und Überleben oder um die Rollen von Mördern und Opfern und sind so mit der Geschichte der Eltern identifiziert, dass sie ein Gefühl der Entfremdung erleben. Da die Vergangenheit mit der Gegenwart vermischt ist, leben sie in einer verzerrten Wirklichkeit. Die Folge ist eine Identitätsverwirrung.

Der Behandlungsbericht der Patientin Viola sowie die dargestellten Fallbeispiele zeigen eindrücklich, wie umfassend diese Patienten von den Traumata ihrer Eltern durchdrungen sind.

■ Psychoanalytische Untersuchungen zur transgenerationalen Weitergabe von Traumata

> »Die Väter haben saure Trauben gegessen,
> und der Kinder Zähne sind stumpf geworden«
> Jeremia 31, 29

Wie ist dieses transgenerationale Phänomen, das im Alten Testament beschrieben wird, erklärbar?

Vorweg sei gesagt, dass sich auch Freud vor 100 Jahren mit diesem Rätsel beschäftigt hat. Er schreibt, dass die archaische Erbschaft des Menschen nicht nur Dispositionen sind, sondern auch Erinnerungsspuren an das Erleben früherer Generationen umfasst. In seiner Arbeit »Totem und Tabu« (1912) stellt er die Frage, welcher Mittel und Wege sich die Generation bedient, um ihre psychischen Zustände auf die nächste zu übertragen. Freud weist darauf hin, dass es auf diese Frage keine Antwort gibt und diese Phänomene noch nicht erklärbar sind.

Ich möchte betonen, dass es bis heute noch keine Antwort beziehungsweise hinreichenden Erklärungen dafür gibt. Ich stelle nun einige psychoanalytische Modelle vor, welche die transgenerationalen Phänomene beschreiben.

Familientherapeutischer Ansatz

Anne Ancelin Schützenberger, Psychoanalytikern, Psychodrama-Therapeutin und Familientherapeutin beschreibt in ihrem Buch »Oh, meine Ahnen!« (2002) wie sich weit zurückliegende, traumatische Ereignisse aus dem Leben unserer Vorfahren in unserem aktuellen Leben wiederholen und im »familiären« Unbewussten weitergegeben werden. Zu bestimmten Zeiten und Anlässen manifestieren sie sich in unklaren Symptomen und tauchen bei den Nachfahren auf. Sie schildert auch, wie das Nicht-Gesagte zum Geheimnis wird, somit weder erinnert noch vergessen werden kann und sich daher in wiederkehrenden Symptomen offenbart (Ancelin Schützenberger 2002, S. 14).

Ancelin Schützenberger beschreibt den Modus der Weitergabe von transgenerationalen Phänomenen: Das Kind erhält bei seiner Geburt bestimmte Botschaften. Man gibt ihm einen Familiennamen, einen Vornamen und hat Rollenerwartungen, das heißt, man projiziert zum Beispiel auf das Kind, dass es eine bestimmte Person sein soll. »Wie die Feen an der Wiege von Dornröschen wird man Dinge, Gebote, Skripts, eine Zukunft in Worte fassen und damit vorhersagen – man wird Dinge aussprechen oder sie verschweigen – als nicht ausgesprochenes und drückendes Geheimnis: So wird ein Kind ›programmiert‹« (Ancelin Schützenberger, S. 199).

Die Familie gräbt also gleichsam ein Programm in die Seele des Kindes ein; dies ist abhängig von der Gesamtheit des ausgesprochenen und des nicht ausgesprochenen Familienkontextes (Ancelin Schützenberger, S. 200).

Um familiären Zusammenhängen auf die Spur zu kommen, benutzt Ancelin Schützenberger ein Genosoziogramm, das heißt einen detailliert ausgearbeiteten Familienstammbaum, auf dem Geburts- und Todestage, wichtige Lebensereignisse wie Heirat, Scheidung, Adoption, Krankheiten, Unfälle, Krieg oder Vertreibung festgehalten werden. In diesen Genosoziogrammen entdeckte Ancelin Schützenberger, wie sich Traumata, zum Beispiel Unfälle oder Suizidversuche, häufig zum gleichen Datum, an denen sie ursprünglich vor vielen Jahren und Generationen bei einem Vorfahren eintraten, wiederholten. Das nennt sie das »Jahrestag-Syndrom«. Ihrer Meinung nach bleiben diese Traumata in einem »dauernden Jetzt« erhalten, bis Einsichts- und Heilungsschritte möglich werden. Deshalb erarbeitet sie mit ihren Patienten deren Lebens- und Ahnengeschichte und macht ihnen die Wiederholungsmuster deutlich.

Delegation – Parentifizierung

M. Bowen, E. Boszormenyi-Nagy, H. Stierlin und andere haben das Konzept der »Delegation« entwickelt, das heißt, dass zum Beispiel Schuld von einer Generation an die nächste weitergegeben wird. Nach Boszormenyi-Nagy ist Loyalität von allen Mitgliedern einer Gruppe abhängig. Wenn nicht gerecht gehandelt wird, können Ungerechtigkeit, Misstrauen, Vergeltung, Rache, Krankheiten oder wiederholte Unfälle die Folge sein. Er geht davon aus, dass es hinsichtlich von Schulden, Verpflichtungen und Verdiensten eine große »Familienbuchführung« gibt. Wenn die Konten nicht ausgeglichen sind, werden viele Probleme von Generation zu Generation weitergegeben. Ein weiteres Konzept von Boszormenyi-Nagy ist das der Parentifizierung. Parentifizierung bedeutet die paradoxe Situation, in der Kinder auch schon in jungen Jahren gleichsam für ihre eigenen Eltern zu »Eltern« werden, für diese sorgen und deren Funktionen übernehmen müssen. Ein Beispiel hierfür ist, wenn die älteste Tochter die Rolle der Mutter einnehmen muss, weil diese zu erschöpft oder überfordert ist. Denken wir an Viola, die ihre Großmutter mütterlicherseits bei ihrer Mutter ersetzen musste und deren Namen trug.

Von Phantomen und dämonischen Introjekten

Ancelin Schützenberger weist darauf hin, dass sich auch N. Abraham und M. Török mit transgenerationalen Phänomenen befassten. Sie arbeiteten mit Patienten, die behaupteten, etwas getan zu haben, wobei sie das Gefühl hatten, als ob jemand anderes für sie gehandelt hätte. Abraham und Török bezeichnen diesen »Geist«, der für andere spricht und an deren Stelle handelt, als Phantom. Es steigt gleichsam aus dem Grab eines Vorfahren, zum Beispiel infolge eines unklaren Todesfalls, eines Mordes, eines Ehebruchs oder eines Inzests. Die Familie schämt sich hierüber, verschweigt es, aber ein einzelnes Mitglied der Familie bewahrt das Nicht-Gesagte, das zum Geheimnis-Gewordene, in sich auf.

Abraham und Török erklären dieses Phänomen mit dem Begriff der »Inkorporation«, das heißt mit einem Prozess, bei dem eine Person einen Anderen oder eine Andere absorbiert, sich einverleibt und innerlich behält. Von Generation zu Generation geht das Phantom vom Unbewussten des Elternteils auf das Unbewusste des Kindes über und offenbart sich in unerklärlichen Worten, Taten und in Symptomen. Aus den Patienten spricht etwas Fremdes, sie fühlen sich innerlich gefroren oder als Gefangene, wie seelisch tot oder wie im Nebel. Das Phantom steuert das Erleben und Verhalten der Patienten wie ein Programm einen Automaten. Dadurch werden die Patienten gehemmt und blockiert. Erst in der Therapie kann das »Phantom« identifiziert, benannt und so den Wiederholungen ein Ende gesetzt werden. Hirsch und andere Autoren bezeichnen diese Phantome als Introjekte oder »dämonische Introjekte« (Moser 1996).

Die Mutter-Kind-Beziehung als Vermittlung von Traumata

Violas Behandlungsbericht offenbart die Bedeutung traumatisierter Eltern für ihre Kinder: Viola klagt, dass beide Elternteile emotional nicht erreichbar waren und sie zur »Projektionsfläche«, zum »Mülleimer« für die Ängste, die Depressionen und die Aggressionen ihrer Mutter wurde. Was hat das für Auswirkungen?

Bereits Freud wies in seiner Arbeit »Trauer und Melancholie« (1917) darauf hin, dass sich Depressive ihrer Umgebung nicht mehr so aktiv zuwenden, sondern sich zurückziehen, ihr Schatten fällt gleichsam auf die Kinder.

Green bezeichnet depressive Mütter als »tote Mütter«. Sie können ihren Kindern kaum Wärme und Liebe geben. Das hat für diese katastrophale Auswirkungen. Auch R. Spitz, D. Winnicott, J. Kestenberg und Y. Kogan beschreiben, wie sich die Depressionen von Müttern auf die Kinder übertragen. Denn diese Mütter sind in ihrem emotionalen Ausdruck sehr gehemmt und in ihren sprachlichen Äußerungen stark reduziert. Winnicott betont die Bedeutsamkeit der Mutter als Schutz vor Traumatisierung des Kindes. Kann die Mutter ihr Baby jedoch nicht schützen, weil sie selbst versteinert ist, ruft dies in ihm eine unvorstellbare Vernichtungsangst hervor.

Die projektive Identifikation

Meines Erachtens sind die Auswirkungen schwerwiegender Traumata für das Kind am ehesten mit der »projektiven Identifikation« beziehungsweise mit dem Modell »Container« – »contained« zu erklären. M. Klein beschrieb den Prozess der projektiven Identifikation und W. Bion, der bei Klein in Analyse war und später ihr Schüler wurde, erweiterte diesen Begriff.

Ich möchte diesen Prozess veranschaulichen: Wenn ein Baby Angst oder Hunger hat, weint es. Nimmt nun die Mutter seine Unruhe wahr, reagiert sie, spürt sein Unwohlsein und wird versuchen, ihr Baby wieder zu beruhigen. Sie trägt es zum Beispiel auf dem Arm, stillt es, wickelt es oder spricht mit ihm. Allmählich beruhigt es sich wieder und fühlt sich wohl. Ist die Mutter kontinuierlich fähig, die Bedürfnisse und Gefühle des Kindes wahr- und aufzunehmen und adäquat darauf zu reagieren, macht das Kind viele gute Erfahrungen und baut Vertrauen auf. Im Lauf der Zeit introjiziert, das heißt verinnerlicht das Baby viele Fähigkeiten der Mutter, zum Beispiel Angst zu ertragen, Schmerzen zu reduzieren, Spannungen abzubauen und zu sprechen. Allmählich entwickelt es viele dieser Fähigkeiten selbst. Die Mutter und natürlich auch der Vater helfen dem Kind, selbst zu phantasieren, zu kommunizieren und zu denken.

Das Ziel der projektiven Identifizierung ist, dass das Kind sein Leid in die Mutter projiziert, das heißt, es der Mutter so eindrücklich mitteilt, dass diese spürt, was in seinem Inneren vorgeht und daraufhin so handelt, dass es ihm wieder besser geht.

Nach Bion stößt das Baby also unverdaubare, unbearbeitbare Erfahrungen, mit denen es also nicht fertig werden kann, aus und projiziert sie in die Mutter. Lazar beschreibt, wie umfassend der Mechanismus der projektiven Identifikation ist, denn es handelt sich hier nicht nur um einen Mechanismus zur Befreiung der Psyche von unangenehmen, unerwünschten Reizen und Gefühlen, sondern auch um »Träume, die nicht geträumt werden können, Gedanken, die nicht gedacht werden können, Aktionen, die nicht in die Tat umgesetzt werden können«, ja sogar um Persönlichkeitsanteile, die für den Rest der Persönlichkeit als unaushaltbar empfunden werden (Lazar 1999, S. 206).

»Container« – »contained«

Bion nennt diese unverdaubaren, nicht denkbaren, nicht träumbaren Sinneseindrücke β-Elemente. Diese Elemente beinhalten laut Bion Gefühle der Depression, des Verfolgtwerdens und der Schuld, also Aspekte der Persönlichkeit, die durch ein Gefühl von Katastrophe verbunden sind. Die Mutter, in die hineinprojiziert wird, bezeichnet er als »Container« und das Projizierte als »contained«.

In einer konstruktiven Mutter-Kind-Beziehung geschehen viele positive Wechselwirkungen zwischen Projektion und Introjektion, beziehungsweise zwischen dem Container und dem Aufgenommenen.

Wenn es einen guten Austausch zwischen dem Baby und der Mutter gibt, dann reintrojiziert das Baby nicht nur seine eigenen Projektionen wieder, die durch die Mutter erträglicher gemacht worden sind, sondern es introjiziert außerdem viele Fähigkeiten der Mutter, zum Beispiel Angst zu bewältigen. Die Identifizierung mit diesen Fähigkeiten ermöglicht dem Kind allmählich viele Entwicklungen wie zu denken und zu träumen (Segal 1991/1996, S. 74). Bion nennt dies die α-Funktion.

Bion sieht die Entwicklung der Psyche als einen komplizierten

Vorgang, der sich phasenweise strukturiert. Nach ihm baut sich die Seele allmählich auf, indem sie »Erfahrungen verdaut«. Bei diesem Prozess muss die Mutter – und ich meine, auch der Vater – wichtige psychische Funktionen für das Baby übernehmen. Indem das Baby die Funktionen der Mutter verinnerlicht, lernt es diese selbst. Bion ist der Meinung, dass die Introjektion eines Elternteils, der fähig ist zu »containen« und α-Funktionen auszuüben, einem Kind hilft, diese Funktion zu internalisieren und Ordnung in seine innere Welt bringt.

Was passiert nun, wenn die Mutter mehrfach traumatisiert ist, das heißt, wenn sie selbst viel Unverdaubares in sich hat, ihr »Container« brüchig ist und sie viele der oben genannten mütterlichen Funktionen nicht erfüllen kann? Wenn das Kind für sein Leid keinen Container findet, ist es seinen Verwirrungszuständen, Gefühlen des Verfolgtwerdens und seinen Ängsten ausgeliefert, es ist damit unfähig, zu denken und zu träumen. Stellen wir uns nun vor, dass ein Baby schreit und sich die Mutter dadurch selbst bedroht und überwältigt fühlt, weil diese Situation sie unbewusst zum Beispiel an ein eigenes schreckliches Ereignis erinnert. »Wenn mein Sohn als Baby schrie, erinnerte er mich an meinen Bruder, der mich jahrelang sexuell missbraucht hat; ich habe es dann geschüttelt oder geschlagen.« »Wenn meine Tochter als Baby geschrien hat, hab' ich mir gedacht, ich schneide meine Brust ab und schleudere sie ihr in die Wiege.« Diese beiden Patientinnen, die selbst extrem traumatisiert waren, konnten für das Leid ihrer Babys nicht als Container fungieren. Sie wurden von ihren eigenen inneren Katastrophen so überwältigt, dass sie ihre Babys als »Mülleimer«, als »Receptical« für ihre Wut und ihre Hilflosigkeit gebrauchten. Diese Babys blieben in Angst- und Spannungszuständen völlig einsam, konnten ihr eigenes Leid und das der Mütter nicht verdauen.

Was geschieht nun in Babys und Kindern, deren Mütter diese wiederholt als »Mülleimer« missbrauchen, indem sie ihre Ängste und Aggressionen in ihnen deponieren? Sie müssen die Traumatisierungen, die unverarbeitbaren Gefühle der Mutter introjizieren, was eine unsagbare innere Katastrophe bedeutet, denn sie bleiben voll Spannung, Angst und Schmerz. Weil Teile der

Mutter in sie eindringen, können sie sich nicht richtig entwickeln, bleiben ungeschützt und sind ständigen Retraumatisie-
rungen ausgeliefert. Die Introjektion eines Elternteils, der mit
Projektionen überflutet ist, hat nach Bion eine desorganisieren-
de Wirkung auf die innere Welt des Kindes. Sie zeigte sich deutlich bei Viola sowie bei den erwähnten Patienten von Jokl, Gampel und Kogan und wurde in den beschriebenen Träumen
sichtbar.

■ Träume – Wege zur Wahrheit

> »Ein König ist der Mensch, wenn er träumt,
> ein Bettler, wenn er nachdenkt.«
> Friedrich Hölderlin

Seit Jahrtausenden befassen sich Menschen mit ihren Träumen. In der Antike galt der Traum als eine Botschaft der Götter. Man glaubte, durch ihn eine Lehre, eine Anweisung oder einen Befehl zu empfangen. Schon damals vertrat man die Auffassung, dass sich in Träumen nicht nur Informationen über das eigene Selbst zeigen, sondern auch Aspekte, die darüber weit hinaus gehen.

Aus der umfangreichen Literatur über Träume kann ich hier nur einige psychoanalytische Beobachtungen schildern, die für mein Thema grundlegend sind. Ich beschränke mich daher auf Merkmale des Traums, die mir zur Bearbeitung von Traumata besonders gut geeignet scheinen.

■ Träume haben Bedeutungen

Freud entdeckte durch die Analyse seiner eigenen Träume und die seiner Patienten, dass sich in Träumen unbewusste Wünsche und Konflikte symbolisieren können. Eine seiner wichtigen Erkenntnisse ist, dass Träume eine tiefe Bedeutung haben. Er bezeichnete das Verstehen von Träumen als »Königsweg« zum Unbewussten. Seine umfangreichen Beobachtungen fasste er in dem bahnbrechenden Buch »Die Traumdeutung« (1900) zusammen.

Freud erkannte auch, dass in Träumen ganz verschiedene Ereignisse, Gedanken oder Personen in einem einzigen Traumbild ausgedrückt werden können. Dieses Phänomen nannte er Verdichtung. So kann ein Traumbild eine konkrete Person darstellen, zum Beispiel die Mutter. Diese Person kann aber auch für andere Frauen wie beispielsweise für die Tochter oder für eine Freundin stehen. Der Patient erfährt etwas über diese Person, von der er träumt, vielleicht über deren Wesenszüge, die er in der Realität nicht wahrhaben will. Im Traum können diese Personen aber auch eigene Persönlichkeitsanteile des Träumenden darstellen. Dadurch entdeckt der Träumende etwas über sich selbst, über seine abgelehnten Persönlichkeitsteile, aber auch über seine potenten Seiten, die er noch nicht bewusst wahrnehmen kann. Damit können in ihm integrative Prozesse angeregt werden.

Auch Gedanken, Orte, Erinnerungen und traumatische Szenen können sich zu einem einzigen Traumbild »verdichten«. Das kann darauf hinweisen, dass sie durch ein gemeinsames Gefühl miteinander verbunden sind. So können in einem Traumbild verschiedene Traumata, die eine Person erlebt hat, durch das gemeinsam zugrunde liegende Gefühl der Panik und der Bedrohung ausgedrückt werden. Durch die Verdichtung kann der Träumer erkennen, dass er etwas unbewusst vermischt, was eigentlich nicht zusammengehört. Deshalb ist das Erkennen der Verdichtung auch der erste Schritt, um innerlich vermischte Bereiche wieder voneinander zu trennen.

■ Vergangenheit, Gegenwart und Zukunft
existieren im Traum gleichzeitig

Längst vergangene Ereignisse vermischen sich in Träumen mit der Gegenwart, weil im Traum viele Erinnerungen aus der Vergangenheit gespeichert sind. So können Tote darin gleichsam wieder lebendig sein. Der Traum hat also ein »Gedächtnis« für Ereignisse, die wir bewusst schon längst vergessen haben. Dieses Gedächtnis bezieht sich nicht nur auf Ereignisse unserer eigenen Biografie, sondern umfasst auch ein Wissen über ein Netz von Episoden und Schicksalsschlägen unserer Eltern und Ahnen. Durch das Erzählen und Bearbeiten von Träumen können die verdichteten Szenen sortiert werden, das heißt, die einzelnen Ereignisse lassen sich den entsprechenden Personen und Generationen zuordnen. Dadurch findet für den Träumenden eine befreiende, klärende und heilsame Distanzierung statt. Träume und ihre Bearbeitung decken somit Teile der Familiengeschichte auf, führen uns zu Familiengeheimnissen und bringen Ordnung, Wahrheit und Transparenz in die eigene Geschichte sowie in die Geschichte der Familie. Im Traum können sich aktuelle Tagesreste, frühkindliche und transgenerationale Konflikte vermischen.

Nach Benedetti bieten die Träume, die uns in die Vergangenheit entführen, die Chance, etwas Wichtiges zu klären. Eine Patientin Benedettis träumte, dass sie als kleines Mädchen mit ihrer älteren Schwester in einem Lokal gewesen sei und dass sie dort beide von drei jungen Männern sexuell missbraucht worden seien. Die Patientin entschloss sich, den Traum ihrer Schwester zu erzählen. Diese gestand ihr nun, dass der Vorfall wirklich stattgefunden hatte. Dieser Traum stellte ein traumatisches Ereignis der Vergangenheit dar, das der Patientin auf bewusster Ebene nicht zugänglich, aber nun bearbeitbar war.

Benedetti nennt den Traum die Urprojizierung des Menschen, weil dieser mit den Bildern des Traums etwas nach »draußen« bringt und damit mitteilen kann.

■ Therapeutenträume und Zwillingsträume

Ganz besondere Phänomene stellen die Therapeuten- und »Zwillingsträume« von Therapeuten und Patienten dar. Träume von Therapeuten über einen Patienten bieten die Möglichkeit, in tiefer Identifikation mit ihm etwas Wichtiges über den Patienten zu erfahren.

Benedetti bezeichnet als »Zwillingstraum« einen Traum, in dem der Therapeut mit dem Patienten eine so tiefe Beziehung hat und so stark mit ihm identifiziert ist, dass er einen ganz ähnlichen Traum wie dieser hat. Benedetti schildert den Traum einer Therapeutin, in dem sie in ein Grab hinabsteigt und in einer Art Erleuchtung die Identität des Patienten erkennt. In derselben Nacht träumte auch der Patient, dass er eine Treppe hinabsteigt und an einen hellen Ort gelangt. Aufgrund dieser beiden Träume verbesserte sich die Situation des Patienten. Benedetti weist darauf hin, dass es Träume gibt, die in derselben Nacht von zwei unterschiedlichen Personen aus einem gemeinsamen Unbewussten entstanden sind. Er erwähnt in diesem Zusammenhang, dass in Biografien von Mystikern berichtet wird, wie Meister und Jünger den gleichen Traum haben. Solche Gleichheit setzt natürlich eine besonders enge seelische Bindung voraus. Diese besteht meines Erachtens ganz besonders zwischen Paaren sowie zwischen Eltern und Kindern. Möglicherweise träumen also Eltern und Kinder manchmal ähnliche Träume. Es stellt sich hier auch die Frage, ob Kinder nicht sogar die ungeträumten Träume der Eltern träumen (Lazar 1999).

■ Träumen als unbewusstes Denken

Nach Bion und Meltzer verbildlicht sich im Träumen das unbewusste Denken im Sinne von problemlösendem, schöpferischem Probehandeln. Somit führt der Traum zu Erkenntnissen und hilft, Konflikte zu lösen. Im Traum und während des Erzählens eines Traums offenbaren sich die inneren Welten eines Patienten und damit auch seine projektiven Identifikationen unverstellt und aufrichtig. Träume, die Erzählung und die therapeutische Arbeit mit Träumen sind also Wege zur Wahrheit (Bion 1962; Meltzer 1984) und damit auch zu wichtigen Erkenntnissen über die Familiengeschichte.

Meltzer entwickelte entsprechend dem Modell von Bion, nach dem die Seele wächst, indem sie wichtige Erfahrungen verdaut, eine Traumtheorie: Man verarbeitet ihm zufolge in Träumen Erlebnisse, um zur Wahrheit zu gelangen, und entleert sich von unverdaulichen emotionalen Erfahrungen und von Lügen (Meltzer 1984/1988, S. 103).

In der Analyse eines Traums entschlüsselt der Analytiker durch Einfälle des Patienten sowie eigene Einfälle und Deutungen den Traum und versucht, seine Mitteilungen zu verstehen. Dieser Prozess kann manchmal viele Wochen dauern, weil sich in Träumen immer wieder neue Facetten und Erkenntnisse entfalten. Die Traumarbeit trägt zur Bearbeitung unbewusster Konflikte bei und ermöglicht die Kommunikation zwischen dem Unbewussten und dem Bewusstsein. Im analytischen Prozess wird diese innere Kommunikation auch zu einer Möglichkeit, mit dem Analytiker zu kommunizieren (Segal 1991/1996, S. 89).

Das Erzählen des Traums kann dazu dienen, im Analytiker Gefühle wie zum Beispiel Betroffenheit, Freude oder Trauer auszulösen, die der Patient bei sich noch nicht spüren kann. Die Fähigkeit des Analytikers, die projektive Identifizierung aufzunehmen, zu verstehen und schließlich zu deuten, stellt den inneren Raum des Patienten wieder her und trägt zur Symbolbildung bei. Im therapeutischen Prozess lernen die Patienten, ihre innere Welt von derjenigen der Eltern zu unterscheiden, zu sortieren und »unverdaute Projektionen zu verdauen« (Segal, S. 26).

■ Träume als Schlüssel zu Traumata

Traumata sind überwältigend. Die Betroffenen leiden unter Ängsten, Panikattacken und Depressionen. Sie verleugnen die Realität und die eigene Geschichte und neigen dazu, Ängste, Trauer, Aggressionen, Schuld und Scham auf andere und anderes zu projizieren. Im Traumatisierten zerbrechen zudem viele Fähigkeiten wie die Fähigkeit zur Sorge, die Fähigkeit, sich in andere differenziert einzufühlen, die Fähigkeit zur Symbolisierung, zum verbalen Ausdruck und zum Dialog.

Ich habe erläutert, wie sich Traumata und traumatische Reaktionen im Zweiten Weltkrieg häuften. Viele betroffene Familien waren über Jahre existenziell bedroht, hatten mehrere Todesfälle hinzunehmen, waren lange und wiederholt voneinander getrennt und verloren ihr Hab und Gut. Bei den Betroffenen akkumulierten sich die Traumata, so dass viele in ihrer Identität tief erschüttert und ihre Ich-Grenzen gleichsam porös wurden. Die Folge war, dass sie ihre eigenen Gefühle wie Ängste und Aggressionen nicht in sich halten konnten, sondern durch projektive Identifikationen an die nachfolgenden Generationen weitergaben. Dies hatte schreckliche Auswirkungen auf die Paarbeziehungen der Traumatisierten sowie auf ihre Kinder. Diese traumatisierten Eltern konnten für ihre Babys und Kinder kaum »Container« für deren Ängste sein, versagten häufig in wichtigen Funktionen und konnten ihr Kind vor weiteren Traumatisierungen kaum schützen. Die Traumata der Eltern sowie die transgenerationalen Traumata der Kinder verdichteten sich. Hinzu kam, dass bei jedem Einzelnen viele Ereignisse, die mit dem ursprünglichen Trauma zusammenhingen, dieses reaktivierten.

Die Analyse der Träume meiner Patienten sowie das Literaturstudium zeigen, dass sich in Träumen Schicksalsschläge offenbaren. Diese symbolisiert der Patient im Traum und kann sie so dem Therapeuten mitteilen. Träume machen also die Prozesse der Projektion und Introjektion sichtbar. Da im Traum verschiedene Mitteilungen gleichzeitig enthalten sind, gibt er Aufschluss über die verdichteten Traumata von Eltern *und* Kind. So wie beim Trauma und bei transgenerationalen Traumata die Zeit stehen bleibt, beziehungsweise Vergangenheit und Gegenwart gleichzeitig existieren, so verdichten sich auch im Traum die Zeiten, das heißt, Vergangenheit und Gegenwart können zeitgleich auftreten. Auch Personen, Räume und traumatische Szenen können sich im Traum verdichten.

Durch das Erzählen des Traums und seine Bearbeitung durch den Therapeuten werden die verdichteten Traumbilder, das heißt die traumatischen Szenen, die die Mütter, Väter und die Patienten selbst erlebt haben, im Lauf der Therapie sortiert und das Introjizierte wird »entsorgt«.

■ **Behandlungsberichte**

■ **Ich kam mir vor wie eine ausgestopfte Gans**

Marika ist groß und schlank. Ihr Gesicht wirkt verhärmt und freudlos. Ihre Haare sind streng nach hinten gebunden. Ihr Mund ist schmal und angespannt. Obwohl es Sommer ist, trägt Marika einen langen, grauen Mantel. In schweren Stiefeln und mit einem großen Rucksack kommt sie mir zögernd entgegen. Langsam legt sie ihren Mantel ab. Ihre Kleidung ist grau und schmucklos. Den Rucksack nimmt sie mit in das Therapiezimmer.

In ihrem Rucksack hat sie, wie mir scheint, eine schwere Last zu tragen. Bilder tauchen in mir auf: Blasse, ausgehungerte Frauen schleppen ihr Hab und Gut; von der Heimat vertrieben, gehen sie einer kargen Ungewissheit entgegen.

Vorsichtig schildert Marika ihre Schwierigkeiten: Sie sei häufig niedergeschlagen. Wenn ihr Mann beruflich unterwegs sei, falle sie in ein Loch. Etwa zwei Tage in der Woche habe sie seelische Einbrüche. Sie fühle sich weniger wertvoll als ihr Mann, habe Depressionen, weine viel und habe keinen Antrieb. Manchmal sei sie wie gelähmt und habe das Gefühl, dass alles sinnlos sei. Außerdem sei sie oft seelisch so angespannt, dass sie unter Migräne leide. In depressiven Phasen habe sie so große Schlafprobleme, dass sie morgens wie gerädert aufwache. Deshalb bringe sie überhaupt nichts zustande, weder im Privatleben noch im Beruf. Auch an ihrem Arbeitsplatz – sie arbeitet stundenweise bei einem Landschaftsarchitekten – habe sie Schwierigkeiten. Sie fühle sich ungenügend und leide unter mangelndem Selbstbewusstsein.

Als ich Marika nach ihrer Lebensgeschichte frage, erzählt sie, dass ihre Eltern beide aus Ungarn stammen. Sie sind im Krieg geflohen und haben sich in einem Lager kennen gelernt. Ihr Vater war in Ungarn Pilot; in Deutschland arbeitete er als Verwaltungsangestellter. Sie schildert ihn als großzügig, gesellig und nicht so streng wie die Mutter. Die Mutter kommt aus einem großen Bauernhof und hat unter dem Verlust ihrer Heimat sehr gelitten. Sie fasste hier nie richtig Fuß. Nach dem Krieg heirateten Marikas Eltern. Erst zehn Jahre später wurde Marika geboren. Ihre Mutter war damals 40 Jahre alt und wollte eigentlich kein Kind. Sie hielt Marika oft vor, dass es ihr lieber gewesen wäre, wenn der Arzt Marika behalten hätte. Marika wurde vorwiegend von ihrer Oma betreut, die im gemeinsamen Haushalt wohnte. Von ihr bekam sie Halt.

Marika klagt, dass zu Hause nur Ungarisch gesprochen wurde und sie schon als Kind an Veranstaltungen der Vertriebenen teilnehmen musste, auf denen die alte Heimat gepriesen worden sei. Sie stand deshalb immer zwischen zwei Welten. Ihre Mutter habe viel geweint und sei von Schmerzen zerwühlt gewesen, weil ihr Leben durch den Verlust ihrer Heimat zerstört war. Hier in Deutschland war sie einsam und habe alles schlecht gefunden. »Ich habe einen ungarischen Namen und hatte ungarische Kleider an. Wie eine ausgestopfte Gans kam ich mir vor«, erzählt Marika. Sie berichtet weiter, dass sie mit fünf Jahren eine Mandeloperation hatte und an einer Lungenentzündung erkrankte. Sie verbrachte deshalb ein Jahr in einem Sanatorium. In dieser Zeit sah sie ihre Eltern einmal pro Monat. Von den Schwestern wurde sie häufig geschlagen und in ein Bad gesperrt. Seit diesem Aufenthalt sei sie verschlossen, niedergeschlagen, traurig und weine viel. Zudem wurde sie als Kind – sie war damals etwa acht Jahre alt – mehrmals von einem Onkel belästigt. »Ich war angewidert und habe seither einen Knacks in meiner Sexualität«, erklärt Marika. Ihre sexuelle Entwicklung war deshalb schwierig gewesen. Von ihrer Mutter wurde sie nie aufgeklärt.

Einen weiteren tragischen Einschnitt in Marikas Leben bedeutet der frühe Tod ihres Vaters. Als er starb, war sie erst 16 Jahre alt, die Mutter habe sich seither an sie geklammert und sie ans Haus gefesselt. Marikas Schulzeit verlief unproblematisch. Nach dem Abitur zog sie aus dem Elternhaus aus und studierte Landschaftsarchitektur.

Mit 17 Jahren hatte Marika ihre erste sexuelle Beziehung und mit 18 Jahren lernte sie ihren Mann, einen Kunstschlosser, kennen. Für ihn sei Sex nicht wichtig, beteuert Marika. Bald bekam sie ihren Sohn Jakob, dieser habe nur geschrien. »Das war ein totaler Einbruch. Ich habe mich verloren, es war das schlimmste Jahr meines Lebens. Mich hat es nicht mehr gegeben«, schildert Marika. Sie heiratete kurz nach der Geburt von Jakob und bekam noch drei weitere Kinder. Alle vier hätten sich gut entwickelt und seien dann unkompliziert gewesen.

Marika erzählt weiter, dass sich ihre geschilderten psychischen und körperlichen Beschwerden verstärkt hätten, seit sie Kinder habe. Auch in der Beziehung zu ihrem Mann Peter habe sie Probleme. Insbesondere Erotik und Sex könne sie mit ihm nicht leben, sie habe noch nie einen Orgasmus gehabt.

Marikas Schwierigkeiten und Konflikte wurzeln in der äußerst belasteten familiären Situation, in die sie hineingeboren wurde. Ihre Mutter fühlt sich hier heimatlos, unwohl und hat häufig Depressionen. Infolge des einjährigen Aufenthalts im Lungensanatorium, der dadurch bedingten Isolation und der langen Trennung von der Großmutter und den Eltern war Marika zutiefst emotional verunsichert. Weitere Traumatisierungen waren die sexuellen Belästigungen durch den Onkel und einen Pfarrer. Seither ist Marika extrem verschlossen, hat sexuelle Schwierigkeiten und Beziehungsstörungen. Zudem ist der frühe Tod des Vaters für ihre Entwicklung belastend. Marika hat Schwierigkeiten, ihre Identität als Frau zu entwickeln.

Ich sollte Ungarin sein

Auch zu ihrer ersten Therapiestunde erscheint Marika wieder in einem langen, grauen Mantel, in schweren Stiefeln und mit einem großen Rucksack und wieder legt sie langsam ihren Mantel ab, trägt schmucklose Kleidung und nimmt den schweren Rucksack mit in das Therapiezimmer.

Ich habe erneut die Phantasie, nicht Marika würde hier sitzen, sondern deren Mutter – vertrieben und heimatlos. Mit ihrem

Rucksack zeigt sie mir, wie schwer sie an ihrer Familiengeschichte zu tragen hat.

Marika legt sich auf die Couch, kauert sich völlig zusammen und beginnt zögernd zu sprechen: »Ich sollte Ungarin sein, meine Mutter hat mit mir nur Ungarisch gesprochen. Ich habe nichts Eigenes, nur meine lateinamerikanischen Tänze; die lerne ich seit einem Jahr. Mein Tanzpartner Johannes ist mein Freund. Bei ihm fühle ich mich als Frau und erlebe besonders beim Tanzen, dass ich eine erotische Ausstrahlung habe. Ich komme aus einer fremden Welt. In meinen ungarischen Kleidern und Trachten, die mir meine Mutter nähte und mir als Kind anzog, kam ich mir wie eine ausgestopfte Gans vor. Mein eigenes Leben kenne ich eigentlich gar nicht.«

Ich mache Marika darauf aufmerksam, dass sie die Erwartungen ihrer Mutter immer noch erfülle und sich eher nach deren Vorstellung kleide. Marika empfindet das ebenfalls so: »Ja, ich bin total altmodisch angezogen worden. Ich bin wie meine Mutter von Schmerz und von Tränen zerwühlt. Auch mein Leben ist dabei kaputt gegangen. Meine Mutter sagte immer, hier ist alles schlecht. In mir ist innen nur eine große Wunde. Denn ein Stück von mir, mein Eigenes ist herausgerissen worden. Ich habe aber Angst, dass ich auch von Ihnen in einen Kasten geschoben werde und mir alles wieder verloren geht.«

Ich fühle mich wie in einem Eisenkasten

Marika symbolisiert ihr Lebensgefühl mit diesen Bildern: »Ich fühle mich wie in einen Eisenkasten geschoben, wie in einem Käfig in Ketten gelegt, wie mit Schnüren zusammengebunden.«

Als ich sie frage, ob sie die Analyse und mich auch einschnürend erlebe, stimmt sie zu. Sie befürchtet beispielsweise, dass ich gegen ihre Tanzausbildung sei und den Wunsch habe, dass sie möglichst viel und regelmäßig als Landschaftsarchitektin arbeite. Ihre Ängste zeigen sich auch in ihrer verspannten Körperhaltung, zusammengekauert und völlig in sich verschlossen liegt sie auf der Couch. Die Ängste und die körperliche Anspannung übertragen sich so auf mich, dass auch ich mich während der Sitzungen angespannt fühle. Ich habe Sorge, Marika mit meinen Äußerungen zu verletzen und sie einzuengen. Wiederholt mache ich Marika auf ihre verspannte Körperhaltung aufmerksam und sage ihr, dass sie wahrscheinlich als Kind nicht richtig lebendig sein durfte und sich jetzt auf der Couch selbst einschränke, sich körperlich verspanne. Wenn sie befürchte, über ein Thema eine andere Meinung als ich zu haben, bekomme sie Angst, mich zu verletzen. Marika erklärt: »Da ich bei meiner Mutter nichts Eigenes, keine eigenen Wünsche, keine eigenen Gefühle haben durfte, habe ich Angst, auch hier mein Eigenes nicht entfalten zu dürfen.« Ich weise Marika immer wieder darauf hin, dass sie mich so wie ihre Mutter erlebe. Trotz dieser häufigen Konfrontationen liegt Marika viele Wochen völlig zusammengerollt, ihre Arme meist um den Kopf geschlungen, auf der Couch. Auf mich wirkt sie völlig schutzlos, wie ein Vogel, der zu früh aus dem Nest gefallen ist.

Der Schwerpunkt unserer Arbeit ist die Klärung von Marikas Beziehung zur Mutter. Marika teilt viele Szenen mit, in denen sie die Mutter als dominant erlebte. Sie durfte in ihrer Kindheit und Jugend keinen Raum für ihre eigene Entwicklung haben; ihre Kleidung, ihre Frisur, ihr Zimmer, ihre Freizeitbeschäftigung, alles bestimmte die Mutter. Monatelang betont Marika, dass sie auch mich so eindringend wie ihre Mutter erlebe. Wir bearbeiten, wie verzerrt Marika mich wahrnimmt und wie das unsere Beziehung beeinflusst.

Ich darf ich sein

Nach einigen Monaten therapeutischer Arbeit gelingt es ihr, mich innerlich deutlicher von ihrer Mutter zu unterscheiden, sie nimmt mich dadurch anders wahr. Erleichtert stellt sie fest, dass sie meine Erwartungen nicht erfüllen muss: »Ich darf ich sein.« Mit ihrer Mutter dagegen konnte Marika Probleme nie diskutieren. Sie durfte ihre eigenen Gedanken nicht äußern. Nur wenn sie die Bedürfnisse der Mutter völlig erfüllte, durfte sie existieren.

Marika hat deshalb hier auch manchmal die Vorstellung, wenn sie nicht genug leiste, dann müsse sie mit der Therapie aufhören. »Ich erlebte nie, dass ich so, wie ich war, von meinen Eltern angenommen wurde. Eigentlich gibt es mich, wie ich wirklich bin, noch gar nicht.«

Die Befürchtung, abgelehnt zu werden, überträgt sie auch auf ihren Mann und ihren Chef. Marika erklärt, dass sie auch heute noch kein eigenes Zimmer, keinen eigenen Arbeitsplatz, nicht einmal einen eigenen Tisch habe. Ich mache sie darauf aufmerksam, dass früher ihre Mutter und ihr Vater sie kontrollierten und die Entwicklung ihrer Eigenständigkeit blockierten und sie sich jetzt ihre Wünsche und Bedürfnisse selbst abschneide. Sie möchte sich nun Raum schaffen.

Unsere ersten Ferien während der Therapie erlebt Marika befreiend. Kurz darauf berichtet sie ihren ersten Traum: »Ich war bei Ihnen. Nach der Stunde habe ich mein Auto nicht gefunden, aber dann habe ich es doch gesehen.« Nach einer Pause fügt sie spontan hinzu: »Ich habe mich sehr gefreut, herzukommen.« In diesem Traum drückt Marika ihren Wunsch nach Nähe zu mir aus. Gleichzeitig thematisiert sie ihre Angst, ihre »Autonomie«, ihre Eigenständigkeit wie bei der Mutter so auch in der Therapie zu verlieren und von mir wie von der Mutter innerlich nicht mehr »wegzukommen« und abhängig zu bleiben: »Ich habe Angst, dass mir das Eigene gleich wieder verloren geht. Ich habe auch Angst, dass mein Mann verloren geht. Deshalb ersticke ich alles, die Gefühle, die Zuneigung. Auch meine Wut und Eifersucht lasse ich nicht zu.«

Wir bearbeiten Marikas Ängste und Identifikationen mit den Eltern. Ich mache Marika darauf aufmerksam, dass sie befürchtet, das Eigene so wie ihre Eltern zu verlieren; diese haben durch die Flucht tatsächlich Hab und Gut wie auch ihren sozialen Status verloren. Ich frage Marika, ob es ihr besser gehen darf als ihrer Mutter, ob sie einen Mann haben darf, während ihre Mutter allein ist. Ihr wird hierauf bewusst, wie sie sich selbst einschnürt.

Marika wird zusehends offener. Sie erzählt, dass sie das erste Mal in ihrem Leben ein richtiges Glücksgefühl hatte und ganz beschwingt war: »Früher fühlte ich mich als Mülltonne der Mutter. Sie hat alles an mich abgegeben, so dass ich wie gelähmt war und mich nicht einmal spüren konnte.« Durch die innere Distanzierung von diesem Mutterbild erlebt sie sich lebendiger und gewinnt Selbstvertrauen. »Ich stehe zu mir und komme mir vor wie ein Acker, der jetzt aufgepflügt ist. Ich weiß noch nicht, was ich darauf anbauen werde, aber die Stunden mit Ihnen geben mir Halt und Struktur.«

Marika setzt nun in ihrer Wohnung, aber auch im künstlerischen Bereich, viele ihrer Ideen und Wünsche um.

In der Beziehung zu ihrem Mann wird ihr deutlich, wie sie sich durch ihn blockiert fühlt und ihn selbst blockiert. Sie betont immer wieder, dass sie sich von ihrem Mann ebenso in Rollen gedrängt fühle wie früher von ihrer Mutter und ihm gegenüber ähnliche Empfindungen verspüre, obwohl er real ganz anders sei. Sie erlebt bei ihm vermeintliche Gesetze, was sie tun dürfe oder nicht. Beim Gestalten und beim Malen fragt sie sich zum Beispiel häufig: »Wie findet das mein Mann?« Sie verzichtet deshalb oft auf die Gestaltung ihrer eigenen Vorstellungen und ist dann wütend, dass sie »im Glaskasten sitzt« und ihr eigenes Leben nur sehr eingeschränkt lebt. Eigene Impulse kann sie kaum durchsetzen. Ihre Wünsche und Träume beschneidet sie. Das spürt sie auch im Körper. Ihre rechte Seite erlebt sie als total blockiert, ohne Bewegungsspielraum. Manchmal fühlt sie sich auch wie früher als Kind wie eine ausgestopfte Gans. »Was wäre, wenn Sie nicht mehr der ausgestopfte Vogel wären, sondern eine lebendige, attraktive Frau?«, frage ich wiederholt. Sie antwortet darauf, dass sie befürchte, wie früher von der Mutter jetzt von anderen abgelehnt und bloßgestellt zu werden. Ich erkläre Marika wiederholt, dass sie die Projektionen ihrer Mutter in sich trage und sich dadurch einschnüre.

Wir beleuchten Marikas Beziehung zur Mutter und ihre aktuellen Phantasien: »Halten andere das aus, wenn ich *ich* bin? Darf ich erfolgreicher sein als andere?« Ich konfrontiere Marika mit ihrer Rivalität mir gegenüber und frage sie, was wäre, wenn sie erfolgreicher wäre als andere oder als ich. »Dann muss ich mit der Therapie aufhören«, antwortet sie prompt.

Marika lernt langsam, die Phantasien über ihre Mutter, über mich, über andere und über sich selbst voneinander zu unterscheiden. Nachdem wir ihre Projektionen bearbeitet haben, kann sie unsere reale Beziehung deutlicher wahrnehmen, sich mir gegenüber innerlich weiter öffnen und ihre Wünsche unverstellter ausdrücken. Sie berichtet nun, dass sie sich gerade mit Alexander Lowen und Bioenergetik befasse. Sie überlegt, ein Seminar zu besuchen und die Ausbildung in Bioenergetik zu machen.

Meine Mutter nahm mir meine Identität weg

Ich freue mich über Marikas Pläne und sehe neue Impulse für die Therapie. Als ich betone, dass sie ihr Vorhaben körperlich angespannt und sehr leise berichte, wie wenn sie etwas Verbotenes täte, meint sie: »Ja ich habe Angst, dass Sie die Therapie abbrechen und mir das verbieten. Meine Mutter nahm mir meine Identität weg. Ich sollte eine Andere sein. Sie hatte Schablonen von Menschen und Muster von Verhaltensweisen. Deshalb habe ich das Meine in Frage gestellt. Dass andere und Sie anders sind, hätte ich nicht gedacht. Ich fühlte mich immer und überall in eine Rolle gedrängt, und zwar in die der ganz Bösen. Langsam bekomme ich eigene Grenzen und werde klarer. In den letzten Wochen gab es lawinenartige Veränderungen, zum Beispiel im Umgang mit meinen Kindern oder in meiner Arbeit. Trotzdem habe ich manchmal Angst, von Ihnen wieder in ein festes Schema gedrückt zu werden, dass ich zum Beispiel wieder meinen alten Beruf ausüben soll.«

Ich äußere häufig die Vermutung, dass Marikas Mutter die Flucht und den Verlust der Heimat nicht verarbeiten konnte. Sie ist traumatisiert, innerlich verunsichert und hält deshalb an alten Traditionen starr fest. In der folgenden Stunde erzählt Marika, sie habe geträumt, dass ihre Mutter bei mir in Therapie gewesen sei, weil sie krank war und unter Kontaktlosigkeit litt. Marika erkennt nun deutlicher das Leid ihrer Mutter, deren Hilflosigkeit und Bedürftigkeit. »Meine Mutter hat nur durch mich gelebt. Sie hatte keine Grenzen, nichts Eigenes, keine eigenen

Hobbys, keine eigenen Interessen, keine Freunde, nichts«, stellt Marika betroffen fest. Diese Erkenntnisse ermöglichen Marika weitere Distanzierungsprozesse.

Ich entpuppe mich

Wir arbeiten viele Stunden an dieser verstrickten Mutter-Tochter-Beziehung. Schließlich berichtet Marika sichtlich erleichtert, dass sie nun das Gefühl habe, dass sie sich »entpuppt und häutet« und in vielen Bereichen ihr Eigenes entfalte. Sie fertige verschiedene Taschen und Container aus unterschiedlichen Materialien wie Leder, Stoffen und Holz an. Bald stellt sie ihre Objekte auch auf Messen aus und stößt auf positive Resonanz.

Auch beim Tanzen »entpuppt« sich Marika. Sie macht eine Ausbildung als Tanzlehrerin, ist darüber sehr begeistert. Immer intensiver kann sie ihren Körper inzwischen auch sinnlich wahrnehmen. Diese »Entpuppung« zeigt sich auch äußerlich. Sie wirkt frischer, kleidet sich farbiger und modischer. Durch ausgefallenen Schmuck unterstreicht sie ihre aparte Erscheinung. Statt ihres großen Rucksacks trägt sie jetzt selbst gefertigte Taschen. Sie ist sich ihrer erotischen und sexuellen Ausstrahlung bewusst und nimmt auch Männer sowie deren sexuelle Anziehung differenzierter wahr.

Ihre eigene Auseinandersetzung mit der Sexualität drückt sich auch in diesem Traum aus: »Ich war in einem Garten. Dort waren eine Blindschleiche und eine Kreuzotter. Ich habe versucht, mich mit einer Kiste zu schützen.« Als ich Marika nach ihren Einfällen zu diesem Traum frage, meint sie: »Die Blindschleiche und die Kreuzotter, diese Schlangen sind mein Mann.« Ich weise sie auf ihr ganz gegensätzliches Bild von ihrem Mann hin. Einerseits erlebe sie ihn wie eine Blindschleiche, eine harmlose Schlange, und andererseits wie eine giftige Kreuzotter, deren Biss tödlich sein kann. Auf meine Frage, warum sie ihren Mann für so gefährlich halte, erzählt Marika: »Wissen Sie, Mutter war sehr kontrollierend, wollte mich einsperren, um so genannte Ausschweifungen mit jungen Männern zu verhindern. Die Welt war für sie und Vater böse und feindlich. Wenn ich mich mit einem Mann getroffen habe, hatte ich immer Angst, dass meine Eltern ihre Beziehung zu mir abbrechen. Ich musste entweder auf den Mann oder auf meine Eltern verzichten. Meine Eltern erlaubten mir keine intime Freundschaft. Nicht einmal zu meinem Mann sollte ich vor der Ehe eine sexuelle Beziehung haben. Ich komme mir da wieder vor wie eine Raupe im Kokon.«

Wir bearbeiten, dass die Eltern aufgrund ihres Flüchtlingsschicksals die Welt bedrohlich und feindlich erlebten und wie sie durch diese Einstellung Marika einschränkten und innerlich einengten. Möglicherweise erlebt die Mutter Männer so bedrohlich wie eine giftige Schlange, vielleicht wurde sie im Krieg oder auf der Flucht traumatisiert. Marika ist es innerlich nicht möglich, mit ihrer Mutter hierüber zu sprechen. Als ich dann Marika frage, was denn passieren würde, wenn die Raupe, als die sie sich fühlt, ausschlüpfen würde, antwortet sie: »Dann wäre der Schmetterling da und ich könnte meine Identität leben. Meine Mutter würde mich dann wahrscheinlich als Terroristin oder Nutte sehen.« Nach einer längeren Pause fährt sie fort: »Ich träumte, dass wir ein Fest feierten und Sekt tranken. Sie waren auch da. Dann trocknete ich die Sektgläser ab und alle zerbrachen.« Wir sehen das Sektglas, das Gefäß, als Metapher für die Weiblichkeit und den Sekt als Symbol für die prickelnde Erotik und das Sperma.

Marika beschreibt, dass sie nun den Mut habe, ihre Wünsche und ihre Weiblichkeit zu entfalten, dass diese Entwicklung aber noch sehr brüchig sei. »Während früher Ihre Mutter Ihnen die Sexualität, die Erotik und den Genuss im Leben verbot, zerbricht jetzt das Glück in Ihren eigenen Händen«, konfrontiere ich Marika und erinnere daran, dass auch infolge des sexuellen Missbrauchs durch ihren Onkel und durch den Pfarrer ihre Weiblichkeit tief verletzt wurde.

Das Bearbeiten der sexuellen Traumata über mehrere Therapiestunden sowie die innere Auseinandersetzung mit der Mutter und die damit verbundene Ablösung von ihr führen bei Marika zu vielfältigen positiven Veränderungen. Nur noch selten fühlt sie sich niedergeschlagen und antriebslos. Sie leidet auch kaum noch unter Depressionen.

Diese innere Entwicklung zeigt sich natürlich auch in Marikas Träumen: »Ich bin bei Freunden auf einem Fest. Der Gastgeber ist auch Psychoanalytiker. Dort sind auch Sie. Sie sitzen am Tisch hinter mir mit mehreren Frauen. Ich bin überrascht und sage: ›Wir können das Fest beide genießen‹.«

Vergleichen wir die kargen Träume Marikas zu Beginn der Therapie, so zeigt sich hier Marikas Leben. Sie träumt ihre eigenen Träume und wird nicht mehr durch die projizierten Fantasien und Traumbilder der Mutter blockiert. Marika genießt das Fest. Auch ich feiere mit, sitze aber an einem anderen Tisch. Hier drückt sich Marikas Wunsch aus, dass ich bei ihr bin, aber trotzdem Grenzen gewahrt bleiben. Denn Marikas intimer Raum, ihre individuellen Grenzen, die Generationsschranke und die Inzestschranke wurden immer wieder überschritten. Marika symbolisiert den Wunsch nach einer Mutter, die ihr nahe, aber nicht übergriffig ist und der es auch gut geht, so dass beide – Mutter und Tochter – das Leben genießen können.

Ich war wie ein zugebundener Sack

In den folgenden Wochen tritt bei Marika eine neue Traumserie auf. Diese kreist um völlig andere Themen wie Reisen, sich fortbewegen und dabei auftretende Schwierigkeiten überwinden. Während bisher Marikas Kinder sowohl in den Therapiestunden als auch in den Träumen wenig präsent waren, bekommen diese nun zunehmend größere Bedeutung. Sie träumt zum Beispiel, dass sie und ihr Sohn Jakob Motorboote lenken. Gefragt nach ihren Einfällen hierzu meint Marika: »Ich wäre gerne im Mutterschoß und trotzdem autonom. Ich bin in meiner Identität von meiner Mutter nicht wahrgenommen worden. Das macht mich traurig. Sie hat mich beschnitten, in einen Beruf gedrängt, den ich nie wollte. Ich bin keine Landschaftsarchitektin, das ist nicht Meines. Ich war wie ein zugebundener Sack und den habe ich inzwischen geöffnet.«

Marika realisiert nun ihre künstlerischen Ideen noch mutiger und aktiver als bisher. Sie wirkt offener und lockerer. Ihr scheint eine neue Aura gewachsen zu sein. Ihre vier Kinder, die sie bisher eher undifferenziert wie eine »Masse« wahrnahm, unterscheidet sie nun deutlicher voneinander. Auch die Beziehung zu ihrem Mann gestaltet Marika lebendiger. Sie reden häufiger miteinander, gehen lockerer miteinander um, genießen ihre Freizeit, die sie nun vorwiegend gemeinsam verbringen. Auch ihre Gefühle nimmt Marika klarer wahr und drückt sie aus. Sie erkennt, dass ihr Mann sie nicht wie ihre Mutter in ihrer Entwicklung hemmt, sondern eher unterstützt. Marika gestaltet ihr Haus um. Jeder bekommt seinen eigenen Raum. Sie richtet sich nun erstmals einen eigenen Arbeitsplatz ein. Sie beendet ihre Ausbildung als Tanzlehrerin und eröffnet schließlich ein Tanzstudio. Dort gestaltet sie auch Feste. Marika wirkt erotisch und sinnlich – sie hat sich wirklich »entpuppt«.

Mit dieser »Entpuppung« und ihren beruflichen Wünschen, eine Ausbildung in Körpertherapie zu beginnen, wächst zum einen aber erneut ihre Angst, all diese Wünsche wieder selbst zu vernichten, zum anderen auch ihre Sorge, dass ich wie ihre Mutter alles vernichten könnte. Nachdem wir über diese Ängste wiederholt gesprochen haben, schildert Marika folgenden Traum: »Ich hatte eine Therapiestunde und bin danach noch hier geblieben. Es war in einem anderen Raum. Dort waren fünf bis sechs erwachsene Kinder. Es war spannend. Dann habe ich Ihren Mantel berührt und spürte eine Wärme Ihnen gegenüber. Ich habe einen Versöhnungswunsch mit meiner Mutter. Am liebsten würde ich noch einmal ein kleines Kind sein, dabei trotzdem ich selber bleiben und mit mir und mit meiner Mutter gleichzeitig im Kontakt sein. Ich mache es mir in den Stunden hier viel gemütlicher als früher und löse mich innerlich, auch meine körperliche Anspannung verringert sich – die Trauer meiner Mutter ist nicht mehr meine Trauer.«

Marikas Beziehung zu ihrer Mutter wird auch in der Realität lockerer und flexibler. Sie haben Spaß miteinander. Begeistert erzählt Marika zum Beispiel von einer langen Schlittenfahrt, die sie mit den Kindern und ihrer Mutter unternahm. Ihre Mutter sei richtig lustig gewesen und habe viel jünger gewirkt als früher. Nachdem Marika in der Beziehung zur Mutter abgegrenzter ist, wird auch ein näherer Kontakt möglich. Marikas Lebensräume haben sich deutlich verändert. Sie genießt ihre Reisen. Ihre Tanzfeste gestalten sich als Freudenfeste.

Marika beendet nun die dreijährige Therapie und ist neugierig auf ihre Körpertherapieausbildung, die bald beginnen soll. Diese Aufbruchstimmung zeigt sich im folgenden Traum: »Es findet ein großes Tanzfest statt. Mein Mann und drei Frauen sind auch da. Eine gibt mir ein Paket Schuhe.« Nach einer langen Pause meint Marika: »Wissen Sie, ich werde beweglicher und spüre mehr Energie. Das Leben fließt in mir, wenn ich mich bewege. Früher waren meine Bewegungen voller Angst.«

In ihrer letzten Stunde erzählt sie, dass sie träumte: »Ich war schwanger, wünschte mir ein Mädchen und bekam eines. Es war beglückend, wie es auf meinem Bauch lag. Ich denke an meine eigene Geburt, meine veränderte lebendige Beziehung zu meinen Kindern, an die Therapie und an deren Ende. Ich habe die Therapie sehr positiv empfunden und werde immer lebendiger und flüssiger. Ich stehe auch immer mehr auf Farben. Nun will ich was ganz Leuchtendes.«

Marikas Augen strahlen. Ihr markantes Gesicht wirkt feminin. Sie ist hübsch geschminkt, trägt große Ohrringe und einen engen, kurzen Rock. »Ich bin zur Frau geworden und habe mich freigeschwommen. Meine Seele verliere ich nicht mehr so leicht. Die Therapie war aufregend. Besonders gern arbeite ich mit Träumen, die werde ich auch weiterhin aufschreiben. Die sagen mir: ›Trau dich.‹ Das macht mir Mut. Auch mit meinen Kindern habe ich einen schöneren, beglückenderen Umgang. Früher hatte ich häufig Blockaden, jetzt kann ich freier sprechen.«

Der glitzernde Kern

Ein halbes Jahr nach dem Ende der Therapie besucht mich Marika. Begeistert erzählt sie: »Mit meinem Leben bin ich jetzt sehr zufrieden. Wissen Sie, früher habe ich mich nicht als mich selber gefühlt. In einem Würfel war mein glitzernder Kern eingeschlossen, ich wusste nur, in mir glitzert etwas. Jetzt geht das bis nach außen und erschließt sich in vielen Träumen. Ich träume jetzt auch viel bunter. Ich hatte einen Traum, da lag ich mit farbigen Trichtern auf einem Hügel in einer bunten Wiese. Die Kommunikation ging über die Trichter hin und her und ich überlegte mir: ›Wie fühlt sich das für mich und wie für die anderen an?‹ Das war ein intensiver Austausch.«

Marikas Besuch freut mich. Sie teilt mir mit, dass sich auch in letzter Zeit noch einmal viel in und an ihr verändert habe, sie lebe nun in einer bunten, kreativen und kommunikativen Welt. Sie verbinde jetzt den Tanz mit körpertherapeutischen Techniken wie Bioenergetik und Feldenkrais. Die Beziehung zu ihrem Tanzpartner sei auch klarer geworden. Sie hätten im Dialog viele Ausdrucksformen gemeinsam entwickelt. Auch die Verbindung zu ihrem Mann sei noch lebendiger und offener geworden, insbesondere die erotische und sexuelle Beziehung sei für beide erfüllter. »Ich habe mich doch früher wie einen zugebundenen Sack erlebt. Nun habe ich meinen glitzernden Kern gefunden«, resümiert Marika und verabschiedet sich.

Ein Jahr später ruft mich Marika wieder an und wir vereinbaren einen Termin, weil sie mir etwas Wichtiges sagen will. Aufgeregt und freudestrahlend kommt sie zur Stunde. Sie erzählt, dass sie, angeregt durch ein Gespräch mit ihrem Freund Johannes, der ihr von einer Familienaufstellung berichtete, plötzlich das deutliche Gefühl hatte, dass sie nicht die Tochter ihres vermeintlichen Vaters sei. Sie wollte nun dieser Ahnung nachgehen und traf sich deshalb mit ihrer Mutter zu einem klärenden Gespräch. Diese bestätigte Marikas Verdacht und eröffnete ihr, dass sie die Tochter des Freundes ihres angeblichen Vaters sei. Stolz zeigt mir Marika Fotos ihres Vaters, eines Journalisten, der inzwischen verstorben war. Marika nahm Kontakt mit der Verwandtschaft ihres leiblichen Vaters auf; sie sei von allen mit offenen Armen und großem Wohlwollen aufgenommen worden. Seither fühle sie sich »geerdeter«. Sie betont auch, dass sie immer gewusst habe, dass sie einen glitzernden Kern in sich trage, diesen habe sie jetzt als das Erbe ihres Vaters erkannt. Marika erzählt weiter, dass seit dieser Offenbarung der Kontakt zu ihrer Mutter sowie zu ihrem Mann klarer sei, dass sie sich sicherer fühle und

die Sexualität mit ihrem Mann seither noch tiefer genießen könne.

Von der Mülltonne zum glitzernden Kern

Marika wirkt auf mich beim ersten Kontakt wie eine eine Hei-
matlose. Sie hat Depressionen, ist antriebslos, wie gelähmt und
erlebt sich »wie eine ausgestopfte Gans«. Von Anfang an klagt sie,
dass sie nichts Eigenes habe.

Während der Therapie beteuert sie wiederholt, dass sie sich
»wie in einen Eisenkasten geschoben«, »wie in einem Käfig in
Ketten gelegt«, »wie mit Schnüren zusammengebunden« erlebe. Mit diesen schrecklichen Bildern thematisiert sie, dass sie
ihre wahre Identität nicht entfalten konnte, weil sie von den
Delegationen und projektiven Identifikationen der Mutter
eingesperrt wurde. Die Ursachen für dieses extrem kontrollie-
rende mütterliche Verhalten sind zum einen das Flüchtlingsschicksal, zum anderen, wie sich später herausstellt, Marikas
verheimlichter Vater. So wurde Marika in ihrer Identität tief
beschnitten. Ihr Traum zu Therapiebeginn, in dem sie ihr Auto
nicht findet, versinnbildlicht die verlorene Autonomie ihrer
Eltern und damit von ihr selbst. Marikas Eltern konnten nach
der Flucht in Deutschland ihren früheren sozialen Status nicht
erreichen. Marika wird zur »Mülltonne« der Mutter, zur »aus-
gestopften Gans«, fühlt sich hierdurch wie gelähmt und wird
durch die projizierten Verlustängste der Mutter seelisch völlig
überlastet. Sie wünscht sich deshalb in einem Traum, dass ihre
Mutter zu mir in Therapie käme.

Wir bearbeiten in der Therapie die projektiven Identifikationen mit der Mutter. Allmählich beginnt sich Marika zu
»entpuppen und zu häuten«. Während sie früher als »Container« (Bion) von der Mutter missbraucht wurde, baut sie
schließlich selbst aus den unterschiedlichsten Materialien
»Container«, um das Eigene aufzubewahren. Sie beginnt, *ihre*
Sachen und die ihrer Kinder zu sortieren.

In Marikas Traum, in dem ihr im Garten eine Blindschleiche

und eine Kreuzotter begegnen, symbolisiert sie ihre unterschiedlichen inneren Männerbilder, das heißt Männer sind für sie harmlos oder giftig und bedrohlich. Marika berichtet, dass ihre Mutter sie kontrollierte, einsperrte und ihr intime Freundschaften verbot, weil sie Männer als »böse« und »feindlich« erlebte. Gefangen in ihrem Flüchtlingsschicksal lebte sie wie Violas Mutter in einer bedrohlichen Welt weiter.

Nachträglich sehe ich in diesem Traum auch Marikas verschiedene Vaterbilder symbolisiert. Ihre Mutter projizierte ihre »verbotene«, heimliche Liebe auf die Tochter. Der Traum, in dem Marika die Sektgläser zerbrechen, ist demnach auch eine Metapher für die zerbrochene Ehe der Mutter, für ihr zerbrochenes Leben; sie konnte kein »Container« für ihre Tochter sein. An der Lebenslüge der Mutter »zerbricht« Marikas Identität und damit auch ihre Weiblichkeit. In der Therapie kann Marika ihr Eigenes allmählich entfalten, sie findet ihre eigene innere Welt.

Marikas wachsende Autonomie kommt nun in vielen weiteren Träumen zum Ausdruck: Sie steuert Autos, Flugzeuge (hier ist sie mit ihrem vermeintlichen Vater identifiziert, der Pilot war) und Motorschiffe. Zu mir entwickelt Marika eine positive, freiere Beziehung. Ihre innere Welt und ihre inneren Beziehungen verändern sich. Marika gelingt es, sich von der Trauer ihrer Mutter wieder zu befreien und sich mit ihrer Mutter zu versöhnen. »Die Trauer meiner Mutter ist nicht mehr meine Trauer.« Viele Blockaden lösen sich dadurch. In ihren Träumen und in der Realität spielen Feste eine große Rolle. Sie träumt, schwanger zu sein und ein Mädchen zur Welt zu bringen. Sie assoziiert damit ihre eigene Geburt sowie ihre veränderte, lebendige Beziehung zu sich selbst als Baby und zu ihren Kindern.

In dem Traum, den sie in ihrer letzten Therapiestunde schildert, thematisiert sie die »bunten« Wege der Kommunikation, ihre Fähigkeit zur Selbstreflexion wie auch zur Einfühlung und damit ihre wachsende Fähigkeit zum Dialog. Marika träumt während der ersten beiden Jahre der Therapie selten, erst im dritten Jahr werden die Träume häufiger und wie ihr aktuelles Leben bunter und lebendiger. Die verbale und nonverbale Kommunikation nehmen immer mehr Raum ein. Vertrauend auf ihre Intuition findet Marika schließlich ihren »glitzernden Kern« und ihren wahren Vater.

Abschließend möchte ich betonen, dass Marikas Entwicklungsprozess aufgrund ihrer nur dreijährigen Therapie möglicherweise begrenzter ist als bei den anderen Patientinnen. Das zeigt sich zum Beispiel darin, dass der Dialog mit der Mutter zwar offener wird als zu Therapiebeginn, aber dennoch beschränkt bleibt. Mit dem leiblichen Vater ist ein Austausch nicht mehr möglich, da er früh verstarb, Verwandte väterlicherseits hat sie keine mehr.

■ Angst wegzufließen

Mich begrüßt eine aparte, schlanke und sportliche Frau. Ihre Haare sind kurz und blond, ihr Gesicht und ihre Augen sind klar, ihre Gesichtszüge konturiert. Sie bewegt sich zielgerichtet und hat eine gewinnende Ausstrahlung – eine »Powerfrau«.

Wiltrud ist beinahe 50 Jahre alt und Lehrerin. Sie unterrichtet Französisch und Latein am Gymnasium. Erschüttert berichtet sie, dass sie von Hans, einem Schüler, der große schulische Probleme hatte und kürzlich Abitur gemacht hat, diffamiert worden sei, da er dachte, sie habe ihn in einer Klausur ungerecht behandelt. Sie fühle sich nun schuldig, habe Angst, Fehler gemacht zu haben und den Ansprüchen nicht zu genügen. Sie erlebe sich abgelehnt und leide darunter, nicht akzeptiert zu sein. »Vielleicht wiederholt sich mein frühkindliches Trauma. Ich habe eine Zwillingsschwester, die war schon immer erfolgreicher und beliebter als ich.« Wiltrud leidet nun unter massiven Ängsten, Scham- und Schuldgefühlen. Manchmal habe sie das Gefühl, dass auch die Kollegen ablehnend auf sie schauten.

In den nächsten Gesprächen erzählt Wiltrud ihre Lebensgeschichte: »Meine Zwillingsschwester Helmtrud sieht mir sehr ähnlich, wir waren immer gleich gekleidet und führen auch ein ähnliches Leben. Es gibt sogar den Mythos, dass wir nach der Geburt verwechselt wurden, dass ich also nicht ich bin. Ich bin bald nach Kriegsende geboren. Mein Vater war auch Lehrer. Er war lange im Krieg. Er war streng, angesehen und lebte nach strikten Regeln und Ordnungen. Er hatte aber auch liebevolle Seiten und war stolz auf seine Frau und uns Kinder. Meine Mutter war eine lebenslustige, vitale Frau. Zu Kriegsbeginn kam ihr erstes Kind, ein Sohn, zur Welt. Er ist genial, hoch musikalisch und ein bekannter Physiker. Fünf Jahre später wurde der zweite Sohn geboren. Er ist Künstler, Alkoholiker und hat die totale Anpassung nicht geschafft. Meine Schwester und ich – wir haben beide drei Fächer studiert. Beide haben wir auch drei Kinder und einen begabten Mann. Die ganze Familie ist sehr erfolgreich. Mit meiner Schwester lebte ich in ständiger Konkurrenz. Wir haben beide um die Liebe der Eltern gebuhlt. Unsere Kindheit wurde durch die Arbeitsüberlastung der Mutter geprägt. Diese hatte nicht nur uns Zwillinge zu versorgen, sondern auch unsere beiden Brüder und zwei Pflegekinder. Trotzdem hat zu Hause äußerlich alles gut funktioniert und die Atmosphäre war anregend. In der Schule war ich immer sehr gut. Ich schloss mein Abitur und mein Studium sehr erfolgreich ab. Anschließend heiratete ich. Mein Mann ist ein bekannter Musiker, auch meine Söhne sind begabt.«

Wiltrud ist eine beliebte Lehrerin und meistert ihr Familienleben gut, aber sie leidet unter vielen Ängsten, zum Beispiel der Angst, Fehler zu machen und abgelehnt zu werden. Zeitweise hat sie sogar Angst, nicht da sein zu dürfen, ist depressiv, möchte sich das Leben nehmen und hat das Gefühl, sich völlig zu verlieren. Sie befürchtet, wenn sie ganz sie selbst wäre, könnte sie wegfließen und verschwinden.

Ich erlebe in Wiltrud eine große Diskrepanz zwischen dem, wie klar, kraftvoll und energiegeladen ich sie wahrnehme, und den seelischen Störungen, die sie schildert. Ich überlege mir, warum die Unzufriedenheit des Schülers in ihr eine so tiefe Krise ausgelöst hat. Angesichts ihrer Lebensgeschichte und ihrer positiven aktuellen, familiären Situation fällt es mir schwer, Wiltruds Symptome zu verstehen.

In vielen Bereichen bewältigt sie das Leben hervorragend. Sie ist tüchtig, sportlich, intellektuell und musisch begabt. Außerdem ist sie beliebt und hat viele soziale Beziehungen. Andererseits äußert sie viele Ängste, insbesondere die Angst, nicht existieren zu dürfen, verloren zu gehen, wegzugleiten und völlig zu verschwinden. Diese Ängste weisen auf eine tiefe Zerbrochenheit ihrer Persönlichkeit hin, die ich mir nicht erklären kann. Ich überlege mir, ob Wiltruds Mutter durch die Versorgung der Zwillinge und der weiteren vier Kinder so überlastet war, dass sie Wiltruds emotionale Bedürfnisse nicht hinreichend erfüllen und sie nicht individuell behandeln konnte. Vielleicht nahm die Mutter Wiltruds Ängste als Baby und später als Kind nicht ernst genug. Versuchte Wiltrud durch enorme Leistungen die Liebe ihrer Eltern zu erlangen? Warum vermittelt Wiltrud so ein widersprüchliches Bild? Ist ihre innere Welt völlig anders als ihr äußeres Erscheinungsbild und ihr reales Leben?

Aufgrund ihrer zahlreichen tiefen Ängste und brüchigen Identität rate ich Wiltrud zu einer analytischen Therapie. Hierauf bekommt sie Panik. Sie befürchtet, von mir abhängig, damit willenlos zu werden und dass ich als Therapeutin zu große Macht über sie gewinnen werde: »Das ist, als wenn Sie eine Richterinstanz wären und eine unglaubliche Disziplin von mir abfordern würden. Wenn ich Ihre Erwartungen nicht erfülle, habe ich das Gefühl ›Kopf ab‹. So gnadenlos erlebe ich Sie. Das entspricht dem Lebensgefühl, das mein Vater in mir auslöste. Bei einer Analyse hätte ich die Angst, nichts mehr in der Hand zu haben. Trotzdem habe ich den Wunsch, mich besser wehren zu können, und den Wunsch, diesem System zu entkommen und mehr zu spüren, wer ich bin und was ich will. Ich möchte dem Gefühl, nichts wert zu sein, und den massiven Schamgefühlen endlich entkommen.«

Da Wiltrud große Angst vor einer Analyse hat, versuche ich, ihre Ängste im Vorfeld zu bearbeiten. Ich mache ihr deutlich, dass sie mich so unerbittlich streng wie ihren Vater erlebe und deshalb Angst vor mir und der Analyse habe. Ihre Befürchtungen sind aber so tief verwurzelt, dass sie sich deshalb zunächst nur zu einer tiefenpsychologisch fundierten Therapie entscheidet. »Da komme ich zu 50 Therapiestunden, einmal wöchentlich. Dies ist für mich schon eine unendlich lange Zeit«, befürchtet sie.

Wir sind tief im Keller

In den ersten Stunden berichtet Wiltrud ausführlich über ihr Zwillingsschicksal: »Wir waren gleich gekleidet. Wir wurden auch immer gleich behandelt. Wir hatten meist die gleichen Noten und denselben Freundeskreis.«

Bald erzählt Wiltrud ihren ersten Traum: »Ich kam zur Therapie. Alles war neu. Ich ging eine lange Einfahrt hinab. Dort waren drei Bengel. Sie waren etwa fünf bis acht Jahre alt. Sie kreischten und konnten nicht sprechen. Ihr Ehemann öffnete mir die Tür, er war sehr sympathisch und nicht bedrohlich. Ich betrat dann einen großen Raum mit einem Stuhl. An der Wand hing ein Rahmen ohne ein Bild darin. Ich wartete sehr lange und Sie ließen sich nicht sehen. Sie mussten Hausarbeit machen und arbeiteten mit ihrem Mann Hand in Hand. Dann kamen Sie, bäuerlich und in Arbeitskleidung. Ich war erleichtert, weil Sie vom Thron in die Normalität gefallen waren.«

Gemeinsam erarbeiten wir, dass ich in diesem Traum wie ihre Zwillingsschwester viele Gemeinsamkeiten mit Wiltrud habe. Auch ich habe hier drei Söhne, einen sympathischen Ehemann, mit dem ich Hand in Hand arbeite, und bin wie Wiltrud »vom Thron in die Normalität gefallen«. Ich mache sie darauf aufmerksam, dass sie mich in diesem Traum als unzuverlässig erlebe: Ich vermische meine Rolle als Mutter und als Frau mit der der Therapeutin, lasse sie warten und bin nicht für sie da, weil ich mit meinen Kindern beschäftigt bin, so dass Wiltrud allein ist. Sie erlebt mich so überlastet wie ihre Mutter. Wiltrud berichtet hierauf, dass ihre familiäre Situation in ihrer Kindheit ähnlich war. Es gab viel Chaos, ihre Mutter hatte deshalb kaum Zeit, auf sie individuell einzugehen. Folge war, dass sie bei auftretenden Schwierigkeiten und Ängsten allein war, sie fühlte sich dadurch innerlich überwältigt.

Wiltrud schreibt mir in diesem Traum eigene Merkmale und Verhaltensweisen, aber auch diejenigen ihrer Schwester und ihrer Mutter zu. Sie sieht mich nämlich wie diese und sich selbst als Mutter vieler Kinder. Auch meinen Ehemann phantasiert sie sich ähnlich wie ihren Mann und ihren Vater »sympathisch und unterstützend«. Wie sie selbst durch ihre Schwierigkeiten mit dem Schüler gewissermaßen »vom Thron in die Normalität« gefallen ist, bin es auch ich, da ich unzuverlässig bin. Unseren therapeutischen Raum erlebt sie wie ihren inneren Raum: leer, nicht eingerichtet. Der äußere Rahmen ist ohne inneres Bild und wichtiger als das Eigentliche, das Innenleben. Dieses Beziehungsmuster prägte Wiltruds Familiensituation. Sie lebte mit den Eltern in einer Kleinstadt. Als Lehrer war dem Vater der äußere Rahmen, das Ansehen sehr wichtig. In Wiltrud besteht eine Diskrepanz zwischen ihrer kompetenten und sympathischen äußeren Erscheinung, ihrem selbstsicheren Auftreten und ihren brüchigen Gefühlen. »Eigentlich komme ich mir isoliert vor. Wenn meine Strukturen verblassen, habe ich das Gefühl, dass mich niemand liebt und ich ganz allein bin«, klagt sie.

Wie massiv Wiltruds äußere Realität von ihrer inneren Welt bedroht ist, zeigt folgender Traum. »Ich bin in einer Jugendherberge mit Schülern zusammen und wir lachen. Es ist lustig. Wir sind tief im Keller und unterhalten uns. Dann wird es dunkler. Es ist muffig und ich sehe einen Panzer, eine Menge Schrott und drei erstarrte Gestalten. Es ist gespenstisch. Plötzlich sehe ich auch drei Soldaten. Sie sind tot. Ich habe schreckliche Angst. Es ist eine Gruselszene. Auf einmal steht einer auf und kommt mir nach. Er verfolgt mich. Ich gerate in Panik.« Wiltrud meint zu diesem Traum, dass die Vergangenheit sie einhole, und berichtet, dass die beiden Brüder der Mutter unmittelbar nach dem Abitur im Krieg gefallen sind. »Es könnten auch meine drei Söhne sein. Ich habe den großen Wunsch, das Vergangene endlich anzuschauen und zu ordnen. Aber es macht mir Angst.«

In diesem Traum vermischen sich Gegenwärtiges und Vergangenes. Die aktuelle Situation von Wiltrud als Lehrerin wird von ihrer Innenwelt, die vom Schicksal ihrer Eltern geprägt ist, überschattet. »Wir sind tief im Keller.« Dies spiegelt auch unsere therapeutische Situation: Wiltrud ist tief in ihre innere Welt eingetaucht. In dieser vermengen sich ihre Schüler, ihre Söhne, ihre Geschwister und die verstorbenen Brüder der Mutter. Die Schuldgefühle, die der Vorwurf des Abiturienten Hans in ihr auslöste, werden verständlicher. Möglicherweise erlebt sich Wiltrud – identifiziert mit ihrer Großmutter – auch vom Verlust ihrer Söhne bedroht, denn der Älteste macht bald Abitur und wird dann das Elternhaus verlassen. Andererseits holt sie das Schicksal des Vaters ein. Er war vor dem Krieg Lehrer. Plötzlich brach der Krieg aus. Panzer, Soldaten, Angst, Verfolgung, Zerstörung und der Tod bedrohten nun sein Leben sowie das seiner Schüler. Wiltrud ist – mit dem Kriegsschicksal des Vaters identifiziert – im Traum ein Soldat, verfolgender Täter und ein verfolgtes, erstarrtes Opfer. Schuldgefühle und Angst verfolgen sie. Wiltruds Schuldgefühle ihrem Schüler Hans gegenüber treffen auf die projizierten Schuldgefühle ihres Vaters, der »seine« Schüler vor dem Krieg nicht schützen konnte. Auf der realen Ebene hat Wiltrud den Eindruck, dass sie die Arbeit von Hans eher zu mild bewertete.

Wiltrud erinnern diese Traumszenen auch an Luftangriffe, denen ihre Mutter ausgesetzt war: »Wir sind tief im Keller. Es wird dunkler. Es ist muffig. Ich sehe eine Menge Schrott.« Wiltruds Mutter erlebte im Krieg viele Bombenangriffe. Ihre Heimatstadt wurde dabei weitgehend zerstört.

Die Erdscholle bekommt Risse

Im folgenden Traum symbolisiert Wiltrud die Zerstörungen im Krieg: »Es ist ein großes Erdbeben. Die Erdscholle bekommt Risse. Mauern stürzen ein. Mein Mann verabschiedet sich. Viele Leute werden erschlagen und sterben. Ein Mensch stürzt aus dem Fenster. Er fällt herab, wird aber nicht zermalmt. Ich sterbe nicht.« Wiltrud betont, dass ihr Mann in diesem Traum zwar in Sicherheit ist, sie selbst aber Angst hatte, lebendig begraben zu werden.

Ich weise darauf hin, dass ihre Mutter während der Luftangriffe wahrscheinlich Angst hatte, lebendig begraben zu werden. Wiltrud erzählt, dass in der Heimatstadt der Mutter ein Großteil der Häuser bombardiert wurde und eingestürzt ist. Viele Leute wurden dabei erschlagen, andere verbrannten. Auch das Eltern- und Wohnhaus von Wiltruds Mutter wurde bei einem Luftangriff fast völlig zerstört. Wiltruds Vater musste sich wirklich von seiner Frau im Zweiten Weltkrieg mehrmals verabschieden, weil er wieder an die Front musste. Eine Serie von Träumen zeigt also, wie Wiltruds innere Welt von den Traumata der Eltern überschwemmt ist. Wir sprechen viele Monate hierüber und trennen die tragischen Erlebnisse der Eltern von Wiltruds Lebensgeschichte.

In der psychoanalytischen Arbeit wird erkennbar, dass Wiltrud so mit den Traumata der Eltern identifiziert ist, dass ihre innere Welt bedroht ist. Dadurch hat Wiltrud kein inneres, tragfähiges Fundament, ihr fehlt das Urvertrauen, deshalb hat sie Angst, sich zu verlieren.

Wiltruds Versuch, die eigene Identität zu finden, kommt auch in einem Traum zum Ausdruck, in welchem sie von Freunden abgeholt wird, die mit ihr in die Ferien fahren wollen. Sie findet aber ihren Pass nicht und fährt schließlich ohne ihn mit. Wiltrud thematisiert hier ihren Wunsch, sich von der Welt ihrer Eltern zu verabschieden. Dieser Abschied ist für sie schwierig, da sie »ihren Pass«, »ihre Identität« nicht findet.

Durch das Deuten vieler Träume, das Bearbeiten aktueller Abgrenzungsthemen mit den Eltern, aber auch mit den Söhnen, dem Mann, den Schülern, den Kollegen, kann sich Wiltrud zusehends besser schützen. Viele Autonomiewünsche werden in ihr wach. Sie möchte »unbekannte Länder erkunden«, entschließt sich zu einer Fahrt nach Israel. Sie will dem spirituellen Bereich wie der »Stille« und der Meditation in ihrem Leben mehr Raum geben.

Sie wird wie im geschilderten Traum von Freunden in eine andere Welt begleitet. Das ist auch eine Metapher für unsere therapeutische Situation, denn hier lernt sie neue Räume kennen. Die innere Distanzierung von den Werten der Eltern ist von großer Trennungsschuld begleitet. »Mein Vater hatte für mich eine existenzielle Macht über Leben und Tod. Nur unter Todesangst konnte ich mich von seinem Werteraster und seinen Leistungsansprüchen, immer und überall die Beste zu sein, abgrenzen. Ich war wie gefesselt. Bei jedem Abgrenzungsschritt hatte ich Angst, nicht mehr akzeptiert zu werden und aus seinem Wohlwollen zu fallen. Ich hatte auch Angst, die Kontrolle über mich zu verlieren und wegzufließen.« Wir bearbeiten diese Ängste als Verbot des Vaters, sich zu individualisieren und das Eigene zu entwickeln. Wiltrud berichtet hierzu: »Meine Vernichtungsgefühle und Suizidimpulse sind seltener. Aber meine Angst vor Kontrollverlust und meine Angst, nicht so sein zu dürfen, wie ich bin, und nichts wert zu sein, treten immer wieder in Erscheinung. Ich bin sehr verletzbar und habe ein ganz labiles Gleichgewicht. Andererseits kann ich mich inzwischen schneller wieder stabilisieren und mich wehren.«

Durch einen Funkenregen soll ich vernichtet werden

Die wiederholte Bearbeitung der kontrollierenden Vaterbeziehung sowie der daraus resultierenden Ängste stabilisiert Wiltrud. Sie möchte nun intensiver und häufiger »auf der Couch« arbeiten und entschließt sich zu einer Analyse. In einer der nächsten Stunden erzählt sie diesen Traum: »Ich bin auf einer Drehbühne. Dort werden Schatten produziert. Es ist schrecklich. Aus einer mittelalterlichen Stadt entströmt Giftiges, Zerstörerisches. Es herrscht die Pest. Die Leute werden weggepustet und weggelacht. Die Destruktion geht von einer dunklen, schwarzen Hexe aus. Sie kommt näher. Durch einen Funkenregen soll ich vernichtet werden. Mich erwartet Fürchterliches. Ich soll zertrampelt und zermalmt werden. Die Rettung wäre, sich nach oben heben zu lassen. Plötzlich kann ich fliegen. Das war befreiend.« Wiltrud assoziiert zu diesem Traum wieder die verheerenden Folgen des Zweiten Weltkriegs, »die zerstörten Städte, die mörderischen Waffen, die Vernichtung von Menschen«. Wiltrud sieht die schwarze Hexe als Metapher für den Krieg und die Vernichtung der Juden.

Angeregt durch diesen Traum erzählt Wiltrud von den Erlebnissen ihres Vaters im Krieg. Sie berichtet, dass er mehrere Jahre in Russland verbringen musste, dort in Sümpfen lebte und schreckliche Erfahrungen machte. Er sei auch in Petersburg stationiert gewesen, aber hierüber spreche er selten. Wiltrud erkennt nun auch, dass die Schatten und die schwarze Hexe die abgespaltenen dunklen Teile in ihr, ihre Destruktivität symbolisieren. Vor diesen Schattenseiten hat sie zwar Angst, trotzdem möchte sie sich nun damit auseinander setzen. Ich erkläre Wiltrud, dass ich in ihrem Erleben ebenfalls die böse Hexe sei und sie deshalb Angst habe, von mir vernichtet zu werden. Deshalb habe sie das Gefühl, sich vor mir schützen zu müssen, und könne keinen engeren, emotionalen Kontakt zu mir entwickeln. Wir bearbeiten viele Stunden dieses zerstörerische Frauen- und Mutterbild, das Wiltrud ängstigt und ihre Beziehungen gefährdet.

Die nächsten beiden Träume beschäftigen sich ebenfalls mit der inneren Bedrohung. »Ich bin in einem Wald. Dort sehe ich viele Fichten und Tannen. Alles ist bedrohlich. Es ist Krieg. Ich höre einen Lawinendonner. Ich bin in Decken gehüllt.« Wiltrud erinnert diese schneebedeckte Landschaft an die russische Steppe. Die bedrohliche Atmosphäre, der Lawinendonner, der Bombenhagel und die Schützengefechte sind auch für mich während der Stunde spürbar. »Auch dieser Traum ist ein Kriegstraum. Ich bin draußen. Dort ballern Soldaten. Am Horizont sehe ich das Gefechtfeuer. Im Haus höre ich Kriegsgemurmel. Trotzdem höre ich schöne Musik, trinke Sekt und vergnüge mich. Flüchtlinge aus Bosnien sind hier. Ungeniert gehen sie Liebessessionen nach. Ich sehe dazwischen Gewehrkolben. Ich schminke mich. Plötzlich sehe ich, dass mir ein Buch über die Logik weggenommen wurde.« Wiltrud fährt fort: »Mir ist die Logik wirklich abhanden gekommen. Darf man sich im Krieg lieben und Sekt trinken? Darf ich mich vergnügen, wenn es anderen so schlecht geht? Ich bin in diesem Traum mit meinem Mann sehr zärtlich, lache und trinke Alkohol. Ich habe innigen Körperkontakt und dahinter sind das Chaos und der Krieg.«

Nun offenbaren sich weitere Szenen aus dem Leben von Wiltruds Eltern. Während der Vater in Russland ist, amüsiert sich die Mutter zu Hause, hört schöne Musik, trinkt Sekt und wird umschwärmt. Wiltruds Mutter schilderte die Kriegs- und Nachkriegszeit vor allem als Zeit ihrer Emanzipation. Sie arbeitete damals als Dolmetscherin für die Amerikaner und Engländer und wurde von diesen »hofiert und sehr verwöhnt«, erzählt Wiltrud.

Die Mutter war auch noch nach Kriegsende mit einem englischen Offizier, den sie damals kennen lernte, eng befreundet. Wiltrud liest Bücher über den Zweiten Weltkrieg. Auch infolge dieser Informationen fühlt sie sich von den Eltern innerlich getrennter und abgegrenzter. Sie hat weniger Angst und wirkt selbstbewusster.

Die erweiterte Arbeit mit Träumen, also das Sortieren von Traumbildern, die zur Geschichte der Mutter und des Vaters gehören, und die Trennung von diesen Bildern und den damit verbundenen Gefühlen sowie die Rekonstruktion der Lebensgeschichte der Eltern und das Unterscheiden der jeweiligen Lebensgeschichten verändern Wiltruds innere Welt und damit ihre aktuellen Beziehungen zu ihrem Mann, zu ihren Söhnen sowie zu ihrem Freundes- und Kollegenkreis. Die Früchte unserer therapeutischen Arbeit und die innere Distanzierung von den Eltern äußern sich deutlich in den folgenden Träumen. »Ich sitze in einem engen Wohnzimmer. Es ist gemütlich. Neben mir sitzt mein jüngster Sohn. Das ist tröstlich. Ich erwarte Sie. Wir unterhalten uns dann angeregt. Ihr Mann ist auch dabei. Er ist sehr nett, freundlich, fürsorglich und tatkräftig.« Dieser Traum entspringt mehr dem realen Leben von Wiltrud und ist nicht vom Krieg überschattet. Wiltrud erlebt nun zu ihrem Sohn sowie zu mir mehr Nähe. Sie hat den Wunsch, ihren eigenen Lebensweg zu finden. Das drückt sich auch im nächsten Traum aus. »Ich bin in einem Meditationskloster. Dieses Kloster ist von der Sonne beschienen und lichtdurchflutet. Meine Mutter oder eine Freundin begleitet mich. Bei ihr fühle ich mich wohl, die Stimmung ist friedlich.«

Durch das Bearbeiten der Traumata der Eltern erlebt mich Wiltrud freundschaftlicher und nicht mehr wie zu Therapiebeginn als »strengen Richter« wie ihren Vater, sondern wie im Traum eher als Freundin, stützend und begleitend. Mit dem Kloster verbindet sie nicht nur eine friedliche Stimmung, sondern auch einen Halt, den sie als Kind nicht hatte. Sie erzählt, dass sie sich als Kind gleichsam nur an der Peripherie bewegt habe, verzweifelt bemüht, an ein Zentrum zu kommen und sich wie ein Wirbelwind vorgekommen sei. »Ich habe meine Mitte verloren und beginne sie nun wieder zu finden. Ich möchte den Halt, die Wärme, das rettende Ufer nicht mehr verlieren«, betont sie. Wiltruds Beziehungen zu Frauen werden nun entspannter und anregender. Sie sieht deren positive Seiten deutlicher.

Der Glanz unserer Familie ging plötzlich verloren

Diese positiven Veränderungen verstärken ihre Angst, dass ihr das Gute wieder entgleiten könnte. Ihre Träume führen uns erneut in die Vergangenheit. »Ich habe geträumt, dass ich Frauen getroffen habe. Ich war in einer vergangenen Welt. Es war eine Riesenfamilie und wir führten als Königskinder ein Ballett auf. Plötzlich kam einer der Gäste und sagte, dass es eine Brandkatastrophe gebe. Alles sei in Splittern. Die Ganzheit und der Glanz unserer Familie gingen dann plötzlich verloren. Ich hätte alle erwürgen können.« In diesem Traum zeigen sich die nach außen perfekt erscheinende Familie sowie ihr Zusammenbruch deutlich. Der Krieg zerstört die alte Welt und ihre kulturellen Werte. Wiltrud fragt sich, ob ihr Vater im Krieg schuldig wurde. Hat er Menschen verletzt oder getötet? Sie träumt von zwei Killern, einer sticht seinem Sohn das Auge aus und zerhackt sein Gesicht. Sie trifft dann einen älteren Mann, der sagt, er sei ohne Fehl und Tadel.

Wiltrud thematisiert den Tod und das Morden junger Män-ner. Der ermordete Sohn erinnert sie wieder an die zwei Brüder der Mutter, die im Zweiten Weltkrieg umgekommen sind, und der ältere Mann an ihren Vater, der auch behauptet, dass er ohne Fehl und Tadel sei.

Ich bin über diesen Traum, diese archaische Aggression be-troffen. Der Mord, die Vernichtung des Sohnes durch den Vater beschäftigen uns. Warum sticht der Mann seinem Sohn das Auge aus? Darf dieser nichts sehen? Darf die Wahrheit nicht ange-schaut werden? Wir bearbeiten das aggressive innere Vaterbild. Ich überlege mir, ob es in Wiltruds Familie Geheimnisse gibt, die nicht angeschaut werden dürfen.

Wiltrud erzählt, dass sie gerade das Buch »Dämonische Figu-ren« von Tilman Moser lese, das sie so sehr beeindruckte, dass sie davon träumte: »Ich komme zur Stunde und bin erfüllt von dem Buch ›Dämonische Figuren‹ von Tilman Moser. Ich finde dieses Buch gut. Wir lachen beide. Sie sagen, es gibt hundert Zugänge zum Unbewussten. Wir nehmen uns in den Arm und küssen uns. Ich denke, Sie mögen mich wirklich gern. Plötzlich stürmt mein Vater herein. Er spricht kroatisch und sagt, er sei jetzt pensioniert worden und wirkt ganz verstört. Ich hätte gerne dieses schöne Gefühl mit Ihnen länger genossen. Es war ärgerlich, dass wir das nicht vertiefen konnten. Ich frage Sie deshalb, ob sie mir morgen eine Extrastunde geben wollen. Sie lehnen ab, da wir uns am Mittwoch sehen. Ich empfinde ein tiefes Zusammengehörigkeitsgefühl mit Ihnen und bin darüber sehr berührt.«

Wir sprechen lange über diesen Traum und Wiltruds vielfältige Assoziationen dazu. Ich weise darauf hin, dass die innige Beziehung zur Mutter auch real durch den Vater beeinträchtigt war, der infolge kriegsbedingter Traumatisierungen und der mehrjährigen Trennung von seiner Familie zum »Fremden« geworden war. Wiltrud hat deshalb Angst, dass auch unsere Beziehung wie die zu ihrer Mutter gestört wird. Sie betont dann, dass ihr unsere Umarmung sehr nahe gegangen sei. »Infolge der Nähe und Zuwendung, die ich hier in der Therapie bei Ihnen erlebe, fühle ich mich nun geerdeter, vergeistigter und inspirierter«, stellt Wiltrud fest. Allerdings befürchtet sie, dass ihr das Gute wie in ihrer Kindheit durch eindringende Dritte wieder verloren gehen könnte. Sie hat mich nun als »gute innere Mutter« integriert, damit ist sie fähiger, intime Beziehungen zu erhalten. Rückblickend meine ich, dass auch das Bearbeiten der aggressiven Selbstanteile sowie des »Fremden« und »Gebrochenen« in Wiltrud diesen Prozess ermöglichte.

Ich beschütze eine Schülerin mit einem Baby

Ihre wachsende Fähigkeit, ihre archaische, mörderische Aggression zu integrieren und dadurch das Gute in sich zu schützen, symbolisieren unter anderem folgende Traumszenen. »In der

Schule schießen Männer auf uns. Ich beschütze eine Schülerin mit einem Baby.« Wiltrud fügt hinzu: »Dieses Baby ist mein spirituelles Selbst. Ich habe jetzt die Möglichkeit, es zu schützen. Zu Hause wurde der Einzelne nicht geschützt.« Im nächsten Traum verwahrt Wiltrud zwei kleine Kinder, die verloren gingen, bis die Eltern sie schließlich abholen. Sie sieht auch in dieser Szene einen Integrationsversuch. »Ich nehme meine verlorenen Ich-Anteile wieder auf.« In einem anderen Traum zieht Wiltrud eine Frau, die beinahe ertrinkt, aus einem Eismeer. »Ich hatte ja früher Angst zu versinken, dass der meditative Teil in mir verloren geht. Ich spüre jetzt erstmals den Wunsch loszulassen, ohne dabei ganz wegzugleiten.«

Wiltrud trägt nun eine »schützende Mutter« in sich, ihre innere Welt ist deshalb nicht mehr so bedrohlich, sondern liebevoller und wärmer. Sie schildert noch einmal, wie außenorientiert dagegen die familiäre Situation gewesen sei. Die Fassade musste gewahrt bleiben, es habe das unerbittliche eherne Gesetz gegolten, optimal zu funktionieren und immer die Beste und Glänzendste zu sein. Die Trauer, die Angst, das Eigene seien zu Hause wie eingefroren gewesen. Auch im nächsten Traum symbolisiert sie diese angepasste familiäre Atmosphäre: »Ich träumte von einer Spieldose, auf der erstarrte, bewegungslose Figuren einen Reigen tanzten. Die Realität und die Illusion vermischten sich. Es war wie in der Nachkriegszeit.« Ich betone den Anspruch des Vaters zu funktionieren und dass es Wiltrud kaum möglich gewesen war, »ihren eigenen Tanz aufzuführen« beziehungsweise »aus der Reihe zu tanzen«, denn für individuellen Ausdruck und die eigenen Gefühle war in der Familie wenig Platz.

Wiltrud bedankt sich für die therapeutische Hilfe und schenkt mir in der nächsten Stunde das Buch »Geweint wird, wenn der Kopf ab ist« von Kurt Meyer. Ich schlage es auf und lese als Erstes ein Zitat von William Faulkner: »Das Vergangene ist nicht tot; es ist noch nicht einmal vergangen.« Dies könnte auch als Motto über Wiltruds Lebensgeschichte stehen. In der nächsten Stunde erzählt Wiltrud diesen Traum. »Ich gehe zur Christa zur Therapie. Dort finden ernste, tief gehende Gespräche statt. Meine Schwester ist auch da. Sie trägt ein tief ausgeschnittenes Abendkleid. Sie ist auch Psychologin und in Begleitung eines polnischen Philosophielehrers. Es ist eine tiefe Begegnung. Ich unterhalte mich. Die Stimmung ist toll und jemand spielt Akkordeon. Man amüsiert sich köstlich. Plötzlich kommt jemand in SS-Uniform, der einen Orden trägt. Alle stehen stramm und steif. Es ist wie in dem Film ›Schindlers Liste‹. Auf einmal nimmt man den jungen Polen ins Visier. Die Gesellschaft erstarrt, weil er Jude ist. Ich schütze den jungen Mann und stelle mich vor ihn.« In diesem Traum wünscht sich Wiltrud mehr private Nähe zu mir. Sie möchte, dass ich ihr auch Persönliches von mir erzähle. Ähnlich wie in ihrem Elternhaus finden in Wiltruds Traum auch bei mir Feste mit vielen Leuten statt. Wie in den Analysestunden entstehen »ernste, tief gehende« Gespräche. Im Gegensatz zu den vorhergehenden »Kriegsträumen« ist dieser Traum lebendiger, erotischer, reichhaltiger und weniger bedrohlich. Es gibt keine Leichen, keine Katastrophen und der gefährdete »polnische Jude« wird von Wiltrud geschützt. Weiter berichtet sie, dass sie sich gerade mit dem Thema »Jesus und die Juden« auseinander setze und jetzt vieles anders sehe als früher. Während sie vor der Therapie deutlicher die Unterschiede zwischen Judentum und Christentum wahrnahm, macht sie sich jetzt mehr Gedanken über Gemeinsamkeiten zwischen den Religionen und Möglichkeiten zur Annäherung. In dieser Zeit plant sie eine mehrwöchige Reise nach Israel und setzt sich in vielen Gesprächskreisen mit konkreten Fragen zu den Konflikten zwischen den Religionen auseinander und denkt viel über mögliche Schritte zur Versöhnung mit den Juden nach.

Der Jude stehe auch für ihren Vater, den sie besser verstehen möchte, für ihre Söhne, aber auch für ihre Spiritualität, die sie schützen möchte, der sie Raum und Zeit lassen wolle, meint Wiltrud. Sie ist nun zwei Jahre in Therapie. Sie fühlt sich wesentlich sicherer, selbstbewusster und kann besser als früher zu sich stehen. Beruflich ist sie erfolgreich, grenzt sich klarer ab und artikuliert sich deutlicher. Ihre seelischen Krisen bewältigt sie ohne Depressionen und Vernichtungsängste.

Auch ihr zweitältester Sohn macht das Abitur und verlässt das Elternhaus. Er geht zur Bundeswehr. Der jüngste Sohn nimmt an einem internationalen Wettbewerb zum Thema »Frieden« teil. Er gewinnt und bekommt ein mehrwöchiges Stipendium für einen Italien-Aufenthalt.

Wiltrud ist einerseits erleichtert, dass sie nun zum ersten Mal in den Ferien frei von jeglichen Verpflichtungen ist, andererseits aber traurig, da nun auch der zweite Sohn bald ausziehen wird.

In dieser Zeit verschlechtert sich der Gesundheitszustand ihrer beinahe 90-jährigen Mutter rapide. Sie ist so schwach, dass sie das Bett kaum mehr verlassen kann, und leidet unter rheumatischen Schmerzzuständen. Sie ist überzeugt, Krebs zu haben und bald zu sterben. Medizinische Untersuchungen bestätigen ihren Verdacht nicht. Trotzdem befürchtet sie, dass es dem Ende zugeht, und bittet Wiltrud häufiger um Besuche. Der zunehmende körperliche und seelische Verfall und der nahe Tod der Mutter ängstigen Wiltrud. Sie träumt von einer leblosen Gestalt in einem blauen Anzug mit weißblonden Haaren, der man das Genick brach. Sie erzählt weiter: »Komisch, die Natur war unversehrt. Auf einmal traten das Unvermutete und das Hässliche ein. Die Leiche war wie in einem Matrosenkleid zur Kriegszeit und oben diese reine Welt.«

Wiltrud setzt sich wieder mit dem Tod ihrer Eltern und ihrer eigenen Vergänglichkeit auseinander. Ihr wird die zeitliche Begrenztheit ihres Zusammenseins mit den Eltern klar. Deshalb versucht sie nun mehrmals, mit der Mutter über deren Lebensgeschichte zu sprechen.

In den anstrengenden, intensiven Gesprächen mit ihrer Mutter erfährt sie nun ausführlicher, dass die Heimatstadt ihrer Eltern so massiv von Bombenangriffen zerstört wurde, dass schließlich alles in Schutt und Asche lag. Die Mutter beschreibt, wir ihr Elternhaus von einer Bombe zerschlagen wurde. Sie erzählt erstmals detailliert von einem Luftangriff, den sie nur durch Zufall überlebt hatte. Wiltrud weist darauf hin, dass bisher das familiäre Tabu bestand, über diese Schicksalsschläge zu trauern sowie Angst und Hilflosigkeit zuzulassen. Mir fallen daraufhin viele Träume von Wiltrud ein, in denen ihr Haus, das sie mit ihrer Familie bewohnt, zusammenstürzt. Wir verstehen jetzt, dass sich in diesen Träumen die traumatischen Erlebnisse der

Mutter symbolisierten. Wiltrud erkennt, dass es zu Hause viele Tabus und Verbote gab: Über viele Aspekte des Kriegs wurde geschwiegen. Gefühle wie Trauer und Verzweiflung galten als negativ, deshalb durfte man sie nicht zeigen. Auch ihre Mutter spricht bis heute kaum über ihre Schmerzen.

Wir bearbeiten die elterlichen Tabus über viele Wochen. Dieser therapeutische Prozess eröffnet Wiltrud einen intensiveren Zugang zur Trauer, aber auch zu vielen anderen Gefühlen. »Ich hatte nun seit langem wieder ganz intensive Gefühle. Es war wie Harfenmusik. Die Gefühle, die ich hatte, überschwemmten mich förmlich. Es war ekstatisch. Ich erlebte mich in den Himmeln und hatte richtige Höhenflüge.«

Während der folgenden Besuche bei den Eltern erfährt Wiltrud von ihrem Vater, dass dieser nach Kriegsende im Rahmen der Entnazifizierung seine Stelle als Lehrer am Gymnasium aufgeben musste und deshalb mehrere Monate arbeitslos war. Dieses »Versagen« des Vaters in der Öffentlichkeit wurde bisher in der Familie verschwiegen, stellt Wiltrud betroffen fest.

Ihre inadäquate Angst, infolge des Vorwurfs eines Schülers ihr Ansehen und ihre Stelle zu verlieren, der Anlass für die Therapie, ist nun erklärbarer. Ich betone, dass in Wiltrud dieser »Angriff« Angst und Schamgefühle auslöste, die mit der tabuisierten Kündigung des Vaters unbewusst innerlich zusammenhingen. Der Vater verlor damals wirklich sein Ansehen und seine Existenzgrundlage. Auch Wiltruds außergewöhnliches Engagement als Lehrerin sowie die innige seelische Beziehung zu ihrem Rektor können in der unbewussten Angst vor einer Kündigung begründet sein. Den hohen moralischen Anspruch des Vaters verstehen wir als seine Reaktion, weil er fürchtete, »seine Ehre und sein Gesicht verloren zu haben«. Seine verheimlichte »Schuld« projizierte er auf die Tochter. Ein Jahr lang verbringt Wiltrud nun viele Wochenenden mit ihren Eltern. Sie unterstützt beide, wo sie kann. Wiltruds Vater ist inzwischen selbst schwer krank, er hat Darmkrebs, spricht aber wenig über seine Krankheit und seine Schmerzen, sondern hilft bis zur Selbstaufgabe seiner gehbehinderten Frau. Diszipliniert versucht er bis zur Erschöpfung, alle ihre Wünsche zu erfüllen. Wiltrud ist davon sehr beeindruckt. Auch sie pflegt ihre immer zerbrechlicher werdende Mutter, so weit es ihr möglich ist. Dieses intensive, intime Zusammensein mit den Eltern führt bei Wiltrud zu vielen inneren Veränderungen. Sie nimmt ihre Eltern nun anders wahr. Sie bewundert, mit welcher Achtung, Disziplin und Liebe ihr Vater trotz seines hohen Alters und eigener Gebrechen mit seiner Frau umgeht. Sie entdeckt diese gegenseitige Achtung der Eltern als große Kostbarkeit und entwickelt selbst eine liebevollere, einfühlsamere Beziehung zu ihnen. Wiltrud ist froh, dass sie nun erstmals allein ohne ihre Geschwister viel Zeit mit den Eltern verbringen kann, und erfährt, wie sie von beiden rührend empfangen, gemocht und gebraucht wird.

Die Mumie mit dem Rubin

Diese Wertschätzung für die Eltern thematisiert folgender Traum: »Ich gehe mit meiner Familie auf ein hochkarätiges Fest von Rotariern, denn ich will meinen Bruder, der auch Lehrer ist, rehabilitieren und eine Rede über ihn halten. Ich begegne Frauen mit Juwelen. Ich gehe dann in eine Schatzkammer. Dort ist es ganz geheimnisvoll. Ich sehe eine Mumie. Auf ihrer Stirn ist ein roter Rubin. Er ist sehr kostbar. Ihr Leichnam ist einbalsamiert und mit weißen Binden bandagiert. Langsam verneigt sie sich vor mir. Ich verlasse dann diese Kammer. Draußen werden Pferde für mich bereitgestellt und ich reite mit meiner Schwester um die Wette. Ich habe einen Damensattel. Mir ist es nicht mehr wichtig, möglichst schnell zu sein.« Wiltrud hat viele Kostbarkeiten gefunden: Schätze in ihrem Inneren, die sie nun heben möchte. Sie beschäftigt sich mit einer Mumie, die ein Geheimnis umgibt, das sie reizt. Die Juwelen, insbesondere der rote Rubin, symbolisieren zum einen die sinnlichen und erotischen Schätze der Weiblichkeit, zum anderen die Psychoanalyse, die für sie kostbar und geheimnisvoll ist.

Durch die innere Versöhnung mit dem Bruder, der in diesem Traum für Wiltruds Vater steht, bekommt Wiltrud Zugang zu inneren Schätzen.

Das Bearbeiten der transgenerationalen Traumata führt in Wiltrud zu einer tiefen Versöhnung, so dass sie nun dem kostbaren Erbe der Ahnen voller Achtung begegnen kann. Die Vergangenheit und der Tod sind nicht mehr so bedrohlich, sondern die Generationen ehren sich gegenseitig, die Toten die Lebenden und die Lebenden die Toten. Wiltrud kann weibliche und männliche Persönlichkeitsanteile besser verbinden. Durch diese Integrationsprozesse wird sie fähiger, ihre Beziehungen zu ihrem Mann und ihren Söhnen zu entfalten, und sie erschließt sich neue Lebensräume.

Im Lauf unserer therapeutischen Beziehung sind in Wiltrud die »gute innere Mutter« und der »gute innere Vater« gewachsen. Ihre innere Welt ist deshalb weniger beängstigend. Sie kann abgespaltene Gefühle besser integrieren. Der Dialog mit den Eltern, anregende Begegnungen, erotische und freundschaftliche Beziehungen bereichern Wiltruds Leben. Ihre spirituelle Entwicklung nimmt in ihrem Leben einen größeren Raum ein. Wiltrud fühlt sich lebendiger und glücklicher. Ihre Weiblichkeit, ihre eigene Identität entfalten sich. Die Verstrickungen zwischen den Generationen haben sich gelöst, dadurch hat jede Generation ihren Raum. Die innere Versöhnung mit dem Vater, die Wertschätzung der Mutter, das Erleben der Eltern als »Liebespaar« eröffnen Wiltrud einen tiefen Schatz, das Geheimnis der Liebe.

Der bevorstehende Tod der Mutter lastet auf dem Vater und auf Wiltrud. Er überschattet jedes Zusammensein. Es kommt zu berührenden Szenen. Viele Abende spricht Wiltrud mit ihrem Vater über das Sterben, den Tod und die Vorstellungen, die er sich über die Zeit nach dem Tod macht. Diese enge, offene Beziehung zu den Eltern verändert Wiltrud. Sie wirkt weicher, herzlicher, tiefer, geerdeter. Sie entschließt sich nun, viele »oberflächliche, gesellschaftliche« Kontakte zu beenden, reduziert ihre beruflichen Arbeitskreise und Gruppen. Sie konzentriert sich auf das Wesentliche, ihren Mann, ihre Söhne, ihre Eltern und ihren Beruf. Wiltrud verbringt jetzt mehr Zeit mit ihrem Mann. Sie schätzt ihn als Künstler, als Ehemann und Vater, der unermüdlich für seine Familie da ist, täglich kocht und eine warme, liebevolle Atmosphäre verbreitet. Auch mit ihm spricht sie mehrmals über den Zweiten Weltkrieg. Er wurde in den Krieg hineingeboren. Als er drei Jahre alt war, fiel sein Vater und er musste mit seiner Mutter aus seiner Heimat fliehen.

Die Alten kommen mit den Jungen ins Gespräch

Wiltrud nimmt ihren Mann in seinen unterschiedlichsten Facetten und mit seinen vielfältigen Fähigkeiten deutlicher wahr. Ihre Rolle als Frau und Mutter kann sie innerlich klarer annehmen und positiver besetzen. In dieser Zeit kaufen sich Wiltrud und ihr Mann ein Haus. Das gemeinsame Renovieren schweißt die Familie zusammen und führt bei Wiltrud zu einer wesentlichen »Erdung«. Sie träumt: »Ich mache mit meinem Mann eine Wochenendspritztour. Mein Bruder will eine kernige, bodenständige Frau aus dem Volk heiraten. Burschen lassen sich ins kalte Wasser plumpsen. Es sind richtige Naturfreunde. Die Alten kommen mit den Jungen ins Gespräch.« Gefragt nach ihren Assoziationen meint Wiltrud, dass sie nun ihre geistigen und »bodenständigen« Bereiche integriert habe und sich selbst als »kerniger« und »bodenständiger« empfinde. Die Heirat des Bruders verbindet sie mit ihrer Beziehung zu ihrem Mann. Sie erlebt sich deutlicher als seine Frau. Erst jetzt könne sie ihn von ganzem Herzen wertschätzen. Den Sprung ins kalte Wasser sieht sie gleichsam als Taufritual und als Wunsch, sich »reinzuwaschen«.

Besonders berührt Wiltrud in diesem Traum der Dialog mit der Jugend. Dieser familiäre Dialog wird auch real sehr gepflegt. Es kommt zu häufigem intensivem Austausch zwischen Wiltrud und ihrem Mann, ihren Kindern und deren Freunden.

Trotz ihrer vielfältigen beruflichen und häuslichen Aufgaben fährt Wiltrud nach wie vor regelmäßig zu ihren Eltern und pflegt und betreut sie bis zur Erschöpfung. Immer wieder ist sie einerseits über den Lebensmut und den Lebenswillen der Mutter überrascht, andererseits betroffen, wie ihre Mutter ihre Schmerzen, ihr Leid, ihr Alter und den Tod verdrängt. »Beinahe 90-jährig und schwer krank präsentiert sie sich schick und geschminkt. Meine Mutter kann sich nicht schwach und leidend zeigen. Ihr wahres Gesicht kenne ich nicht. Auch heute noch muss ich alle ihre Erwartungen erfüllen, sonst bin ich nichts, wertlos, wie weggewischt.« Wiltrud bedauert, dass ihre Mutter ihre Ängste und Sorgen nicht äußert und die Trauer und die Schmerzen übertüncht. Auch ich empfinde Mitleid für Wiltruds schwerkranke Mutter, bin über diese Verleugnungen erschüttert und teile meine Berührtheit Wiltrud mit. Von meiner Anteilnahme angesteckt, beginnt sie zu weinen. Viele Blockaden scheinen sich auf einmal in ihr zu lösen, Versteinerungen brechen in ihr auf. Während der folgenden Wochen wirkt sie gefühlsmäßig sehr offen, nimmt ihre Gefühle differenzierter wahr und ist für diesen Prozess sehr dankbar. Sie träumt: »Ich wollte zur Therapie. Wir waren in einem Bauernhaus. Wir haben uns gern gemocht und sind einander gegenüber gesessen. Plötzlich sind acht bis zwölf Kinder hereingestürmt und haben sich zu uns gesetzt. Es waren viele Besucher da. Es hat vor Leben gequirlt. Meine Eltern standen am Herd. Es war wie Erntedank. Ein festliches Gelage und alle waren freundschaftlich verbunden.« In diesem Traum drückt Wiltrud viele Wünsche aus: ihren Wunsch nach ungezwungenem, liebevollem Beisammensein, ihren Wunsch innerlich lebendig zu sein, und ihren Wunsch, dass alle Generationen vereint sind und die Eltern versorgend und voll Zuneigung dabei sind. Wiltruds Gesichtszüge werden in dieser Zeit weiblicher.

Wiltruds innere Entwicklung bewirkt ein gefühlvolleres Annehmen der Mutter. Auch die Gespräche der beiden werden vertraulicher. Die Mutter erzählt ihr einen Traum: »Ein Hubschrauber, der von einem Juden geflogen wird, stürzt ab. Es fallen viele Akten über ermordete Juden heraus. Ich laufe hin und will die Akten retten, aber mein Großvater zerreißt alles.« Wiltrud weint ergriffen. Von den Ärzten erfährt sie, dass ihre Mutter nur noch einige Tage leben wird. Bald stirbt sie. Würdevoll verabschiedet sich die ganze Familie von ihr. Wiltrud trauert um ihre Mutter. Sie erbt ihren alten Sekretär, viele alte Fotos, Gedichte, Tagebücher und Briefe, welche die Mutter geschrieben hat. Wiltrud möchte eine Geschichte über sie schreiben. Sie träumt: »Ich halte meinen Sohn. Er ist ein Baby und tiefgefroren. Ich mag seinen Körper. Er öffnet die Augen. Ich wärme ihn. Er will trinken. Er lebt. Ich schließe ihn in meine Arme.« Wiltrud meint zu diesem Traum: »Meine Mutter ist tot. Ich möchte über ihr Leben schreiben und sie in mir lebendig behalten. Aber auch mein Vater ist seit ihrem Tod erstarrt. Er ist wie halbiert. Ich habe die Hoffnung, dass ich meinem Vater ein wenig helfen kann und er wieder etwas Nährendes bekommt. Ich fühle mich aber auch selbst freier und nähre und wärme das Kind in mir. Meinen Mann und meine Söhne nehme ich viel deutlicher wahr. Ich sehe, wie ich alle habe hängen lassen, und bin viel solidarischer mit ihnen.« Ich bin berührt, wie Wiltrud durch die intensive, inzwischen dreijährige Arbeit seelisch gewachsen ist.

Wiltrud besucht nun mehrmals ihren Vater. In tiefsinnigen Gesprächen tauschen sie sich aus. Sie sprechen über Pädagogik, Literatur und Philosophie, die Themen, mit denen sich beide ihr Leben lang intensiv beschäftigen. In diesen Gesprächen werden viele Gemeinsamkeiten deutlich. Wiltrud bewundert ihren Vater, der sich als Lehrer unermüdlich für die Jugend eingesetzt hatte. Die beiden diskutieren über die Vermittlung von Erziehungszielen und Werten. Wiltrud träumt: »Ich habe eine Tagung. Das Thema ist: ›Wie schaffen wir es, Schüler in Grammatik vorzubereiten?‹ Dann singen wir etwas vor, dabei sollen wir unsere Stimme selbst finden und die Schüler zu größerer Eigenständigkeit lenken.« Wiltrud assoziiert, dass sie als Lehrerin die Schüler zu viel gegängelt und zu viel pauken lassen habe. Sie möchte nun ihre Schüler, aber auch ihre Söhne den eigenen Weg finden und gehen lassen. Sie erinnert sich an ein Gedicht von Eichendorff:

Schläft ein Lied in allen Dingen
Die da träumen fort und fort,
Und die Welt hebt an zu singen,
Triffst du nur das Zauberwort.

Wiltrud setzt sich mit ihrer Individualität auseinander und möchte ihre eigene Stimme entdecken.

Der Gesundheitszustand von Wiltruds Vater verschlechtert sich. Eine große Operation ist erforderlich. Wiltrud begleitet ihren Vater. Sie besucht ihn regelmäßig, sitzt an seinem Bett und hält seine Hand. Nach dem Tod seiner Frau will er nicht mehr leben. Er nimmt kaum Nahrung zu sich und stirbt bald. Gefasst nimmt sie seinen Tod an. Kurz darauf träumt sie: »Wir wollen verreisen. Wir fahren im Bus mit den Eltern und Kindern aus der Stadt. Meine Mutter ist nicht da. Wir kommen an einer ausgestorbenen Stadt vorbei und wären um ein Haar abgestürzt. Wir fahren aber weiter und ich weiß, dass meine Eltern dort gut aufgehoben sind.« Wiltrud fügt hinzu: »In diesem Traum zeigt sich, dass ich den Tod meiner Eltern bewältige. Diese ausgestorbene Stadt ist wie eine Totenstadt, der Hades. Sie sind dort, schweigen, sind aber gut aufgehoben. Ich war oft hart am Abgrund, habe viel riskiert und wäre beinahe abgestürzt. Das Versteinerte, das Unlebendige, das Suizidale in mir kann ich nun verlassen und mich dem Leben zuwenden.« In Wiltrud hat eine Differenzierung stattgefunden; beinahe wäre sie durch die »toten, versteinerten« Anteile der Eltern, die auch zu ihren wurden, selbst »abgestürzt«. Sie kann nun die Totenstadt verlassen, die Auseinandersetzung mit der Vergangenheit sowie auch die Therapie beenden und mit ihrer Familie ihre eigene Reise antreten.

Ein Jahr hat sich Wiltrud nun mit der Betreuung und dem Abschied von den Eltern intensiv beschäftigt. Sie erlebte in dieser Zeit zu beiden nahe Beziehungen, die vorher nicht möglich waren. Sie erfuhr erstmals über eine längere Zeitspanne in einem geschützten Raum eine intime Eltern-Kind-Beziehung und damit eine Nachreifung.

Suche nach einem Schatz

Die vierjährige Therapie geht dem Ende zu. Wiltrud resümiert, dass sie mit der Entthronung ihrer Eltern und dem Wissen darum, dass jeder seinen Weg allein gehen muss, auf den Boden gekommen sei. Durch diese Erdung habe sie sich von vielen oberflächlichen Beziehungen verabschiedet, eine innige Verbindung zu ihrem Mann entwickelt und ihre eigene innere Wahrheit gefunden.

In der letzten Stunde beschreibt sie den Therapieprozess als

Erdungsprozess.«Ich habe das letzte Jahr wie ein Reinigungsfeuer erlebt. Ich bin seelisch anders geworden und freue mich darauf, kreativ zu sein und aus mir zu leben. Früher verfolgte ich, was die anderen von mir wollten, so dass meine Energien weggeflossen sind.« Abschließend erzählt Wiltrud diesen Traum: »Ich wollte eine Weltreise machen, musste aber eine Freundin begleiten, die operiert werden sollte. Ich musste ihre Kinder versorgen. Als ihr Mann zurück war und er sich um die Kinder kümmerte, verabschiedete ich mich. Mein Mann half mir auf meinem Weg, zudem begleitete mich eine Freundin. Ich traf unterwegs zwei Rocker, die wollten nach Sibirien. Mein Weg wies in eine andere Richtung.« Wiltrud sieht diesen Traum als Metapher für die Psychoanalyse. Hier entdeckte sie viele unbekannte Räume und Bereiche, sie wurde »geheilt«, versorgte ihre Kinder und wurde auf ihrem Weg von ihrem Mann und mir unterstützt und gefördert.

Wiltrud erinnert sich, dass ihr Vater im Zweiten Weltkrieg in Russland kurz vor Moskau war. Ihr Ziel sei nun aber nicht mehr die Vergangenheit des Vaters, denn sie verabschiede sich von seiner »Männerwelt« und gehe ihren eigenen Weg.

Ein Erbe des Vaters sei die Liebe zur Literatur, insbesondere zu den Gedichten Goethes. Diese hätten auch für sie selbst eine große Bedeutung.

Den langen Weg, den Wiltrud mit mir zurücklegte, beschreibt sie abschließend auch als Suche nach einem Schatz, der sich »als das eigene reiche Innere entpuppt hat«. Auf dieser Reise in ihr Inneres durfte ich Wiltrud begleiten. Auch für mich war diese Reise kostbar.

Einige Wochen nachdem Wiltrud ihre Analyse beendet hat, sprechen wir über diesen Behandlungsbericht. Wiltrud betont, dass die Auseinandersetzung mit meinen Aufzeichnungen für sie nachträglich noch einmal einen wichtigen Klärungsprozess bedeutete, denn ihr wurden neue Zusammenhänge deutlich. Sie bedankt sich herzlich für mein Bemühen, sie zu verstehen sowie »die Wahrheit mit ihr zu finden«.

Dann erzählt sie von einem Vermächtnis ihrer Eltern »Kriegsbriefe und Kriegserlebnisse 1939–1945« und überreicht mir die gebundenen Aufzeichnungen. Das Lesen dieser Briefe eröffnet Einblicke in das Leid, das Wiltruds Vater und Mutter während des Zweiten Weltkriegs erlitten haben, offenbart aber auch die Liebesbeziehung, die die Eltern trotz der damaligen achtjährigen Trennung verband.

Ich möchte mich bei Wiltrud und ihrer Familie für das Vertrauen bedanken, das sie mir mit der Aushändigung dieser Briefe entgegenbrachte, sowie für die Erlaubnis zur Veröffentlichung einiger Zitate und Gedichte.

In ihren Briefen schreibt Wiltruds Mutter, Frau A., über das Leben mit ihren Söhnen unter widrigsten Umständen. Sie schildert die verheerenden Bombenangriffe und die Brandkatastrophen, die die Heimatstadt in den Kriegsjahren zerstörten. Sie beschreibt ihren Kampf ums Überleben, ihre Angst um die Söhne, ihre Sorge, wenn die Briefe ihres Mannes verzögert ankamen. Sie berichtet von dem überaus harten und eisigen Kriegswinter 1940, von »langen, bangen, kalten Nachtstunden«, von der Panik in den Luftschutzkellern, vom Kampf gegen die große Traurigkeit und Einsamkeit und immer wieder von der Sehnsucht nach ihrem Mann sowie ihrem Glauben an die Liebe.

Im Jahr 1941 fallen ihre beiden Brüder und viele Freunde. In den Bombenangriffen sterben Freundinnen und Freunde. Im September 1941 beschreibt sie diese schrecklichen Ereignisse:

Noch höre ich das Angstgestöhne,
das Beten, Rufen und das Zittern,
der Schüsse fürchterlich Gedröhne,
der Bomben Bersten, Sausen, Splittern.

Wiltruds Vater schreibt über seine vor Kälte erstarrten Glieder, seine Erfrierungen, die Tage ohne Verpflegung, über verwundete Kameraden und die blutigen Verluste. Er beklagt die Einsamkeit, der er getrennt von seiner Frau und seinem Sohn ausgesetzt ist.

Voller Verzweiflung schreibt Frau A. 1941: »Ist das der Erde ewiges Gesicht? Der Krieg, der Tod, der Brand, der Mord? Alles brennt rundherum, riesige Trichter, wo gestern noch Häuser standen Trümmer, Splitter, Verwüstung.«

Im Februar 1942 schickt sie ihrem Mann folgende Zeilen:

Da stehe ich nun wie gebannt.
Es pfeift der Wind, ein brausend Meer,
ein flammend Glühen, giftiger Brand,
umzingeln mich – es friert mich sehr.
Da wirbelt's, schwirrt's, wie bös' Gesind,
Verderben nieder, Qualen, Tod
die Kugeln jagt und treibt der Wind,
das Feuer färbt den Schnee so rot.

Frau A. beschreibt hier den Bombenangriff, bei dem das Elternhaus schwer beschädigt wurde.

Im September 1944 drückt Herr A. seine Sorgen aus: »Du
spürst es, dass mich das ernste Geschehen, das große Sterben, das
Verhängnis, dem wir machtlos ausgeliefert sind, die Not unseres
Volkes aufs Tiefste auffüllen.«

Die Briefe von Wiltruds Eltern verdeutlichen, wie verheerend
die Auswirkungen des Zweiten Weltkriegs waren. Frau A. wurde
fünf Jahre lang von vernichtenden Bombenangriffen heimge-
sucht und musste zeitweise nachts sechsmal mit ihrem Baby und
ihrem kleinen Sohn in den Luftschutzkeller. Während der Therapie machen Wiltrud und ich uns von dem Ausmaß dieses entsetzlichen Dramas keine Vorstellung. Deshalb kann ich erst
nachträglich Wiltruds wiederkehrende Träume, in denen sie ein
Baby oder kleinere Kinder schützt, die bedroht werden, als tradierte Traumata der Mutter deuten. Wiltrud trug die Angst der
Mutter in sich, dass sie selbst und ihre Söhne »verloren gehen«.
Es ist anzunehmen, dass Frau A. durch den Tod beider Brüder
sowie mehrerer Freundinnen und Freunde, die jahrelange To-
desgefahr infolge der Luftangriffe, die Zerstörung des Elternhau-
ses sowie einen Bombenangriff, in dem sie beinahe umgekommen wäre, traumatisiert war.

Ihr seelisches Leid und ihre Schmerzen drückt Frau A. in vielen Zeilen und Gedichten aus. Die Auseinandersetzung mit diesen Briefen ist für mich einerseits erschütternd, andererseits bin
ich berührt von der tiefen Liebe und Zuversicht, die Wiltruds
Eltern verband. Frappierend ist für mich auch, in wie vielen

Träumen Wiltrud die entsetzliche Zerstörung ihrer Heimatstadt beinahe mit den gleichen Bildern und Worten wie ihre Mutter ausdrückt.

Wiltrud führt während der vierjährigen Therapie ein Traumbuch. Sie hat in dieser Zeit 92 Träume; 15 Träume beinhalten Kriegsbilder. Diese »Kriegsträume« nehmen im Lauf der Zeit deutlich ab und treten im letzten Jahr der Therapie nicht mehr auf.

Wiltrud träumt aber noch nach dem Ende der Therapie von Babys und Kindern, die in Gefahr sind und die sie deshalb schützen muss, bis ich diesen Traum als traumatische Verlustangst ihrer Mutter um ihre Söhne deuten konnte.

Die eigene innere Welt wird lebendig

Wiltruds unerklärliche Angst, Scham und Schuldgefühle nach dem Vorwurf eines Schülers waren der Anlass für die Therapie. In ihrem ersten Traum, in dem ich sie warten lasse und nicht für sie da bin, zeigt sich, wie sie mich wahrnimmt: Ich bin wie ihre Mutter überlastet und lasse sie einsam in ihrem kargen inneren Raum »sitzen«, in dem nur ein Rahmen ohne Bild hängt. Wiltrud wurde in ihrem Wesen, in ihren Ängsten, Aggressionen und Wünschen wenig wahrgenommen. Es gab kaum einen intimen Dialog mit der Mutter oder mit dem Vater. Wiltruds innere Welt ist leer, ohne eigene »Bilder« und eigenes Erleben. Ihr Selbst ist wenig etabliert. Deshalb fühlt sie sich in Konfliktsituationen gefährdet, sich aufzulösen oder »wegzufließen«. Bei der Bearbeitung transgenerationaler Traumata erkennen wir, dass Wiltrud auf den Vorwurf des Schülers mit der Angst, ihre Existenz zu verlieren, reagiert, weil sie diesen Angriff unbewusst mit der verheimlichten Kündigung des Vaters vermischt. Als dieser im Zuge der Entnazifizierung seine Stelle als Lehrer verlor, verlor er wirklich sein Ansehen und seine Existenzgrundlage.

Die transgenerationalen Traumata der Eltern zeigen sich zu Therapiebeginn in Wiltruds innerer Welt und symbolisieren sich in ihren Träumen. Entsprechend ihrer bedrohlichen inneren

Welt interpretiert sie ihre aktuelle Umwelt: So erlebt sie den im Grunde genommen harmlosen Vorwurf eines Schülers als existenzgefährdend. In ihrem Traum empfindet sie mich zu Therapiebeginn als überfordert, chaotisch, »ich bin nicht für sie da«. Später bin ich für sie wie der Vater eine Richterinstanz, die eine unglaubliche Disziplin von ihr abfordert. Sie befürchtet deshalb, »geköpft«, hingerichtet zu werden, wenn sie meine Erwartungen nicht erfülle. Sie erlebt mich als allmächtigen, gnadenlosen Herrscher. Aufgrund dieses erschreckenden und mörderischen Vaterbilds hat sie große Angst vor einer Psychoanalyse. Bedrohliche Männergestalten suchen sie in vielen Träumen heim. Sie träumt von erstarrten Gestalten, von Soldaten, Panzern, von Verfolgung und der Vernichtung von Menschen mit mörderischen Waffen, von zerstörten Städten und sterbenden Menschen.

In Wiltruds Traum von der Jugendherberge ist sie Lehrerin und gleichzeitig herrscht Krieg. Hier vermischen sich die traumatischen Szenen von Wiltrud mit denen ihrer Eltern. Das Bearbeiten der elterlichen Traumata in Träumen führt dazu, dass diese immer spezifizierbarer werden. Schließlich träumt Wiltrud von ihrem rückkehrenden Vater, von der annähernd realen Situation ihrer Mutter im Krieg, insbesondere von den Bombenangriffen. Durch den »Entrümpelungsprozess« der elterlichen Traumata verändert sich Wiltruds innere Welt und sie kann ihre eigenen Bilder und ihren eigenen Raum entfalten. Ihre Träume werden realitätsnäher. Sie träumt nun von einem Wohnzimmer, in dem sie mit ihrem Sohn, mit mir und meinem Mann sitzt. Dort ist es gemütlich und ein Dialog ist möglich. Sie träumt von einem Meditationskloster, in welchem sie ihr Selbst findet. Diese eigenen inneren Welten konstituieren sich, werden konkreter und differenzierter. In Wiltrud entwickeln sich liebevolle, intime Beziehungen und Zuneigung mir und anderen gegenüber. Sie kann mich, ihre Eltern und andere wichtige Bezugspersonen in ihrer inneren Welt etablieren.

Wichtige Integrationsprozesse werden möglich. Auch das zeigt sich wiederum in ihren Träumen. In einer Traumserie beschützt und rettet sie anfangs Babys, Kinder, Frauen und Männer. Das Integrieren und Bearbeiten der Traumata löst bisher versteinerte Gefühle und macht das innere Kind in Wiltrud wieder lebendig. Sie findet die Schätze der Eltern, das Mysterium der Weiblichkeit und der Liebe, was sich besonders deutlich in dem Traum von der Mumie mit dem Rubin symbolisiert. Sie bekommt Zugang zu vielen Kostbarkeiten, erlangt hierdurch Kraft und Vitalität und entdeckt ihre eigene Stimme, den inneren Dialog. Sie erkundet neue Räume. Die Differenzierung, Ablösung und Trennung von ihrer Ursprungsfamilie und schließlich von mir wird in ihren letzten Träumen deutlich. Sie lässt ihre toten Eltern, die Toten in der Todesstadt, im Hades, zurück, erkundet mit ihrer Familie neue Räume und findet schließlich ihren eigenen Weg.

In den Träumen zeigt sich auch, wie sich die Bewohner ihrer inneren Welt verändern. Die erstarrten, mörderischen, vernichtenden Männer- und Frauenbilder werden weniger bedrohlich und zunehmend integriert. Die Männer entwickeln sich im Lauf der Träume von Mördern und Opfern zu liebevollen, kraftvollen Wesen. Auch das innere Frauen- und Mutterbild gestaltet sich während der Therapie vom Opfer zur erotischen, differenzierten und lebendigen Frau. Wiltrud kann ihre Aggressionen, ihre weiblichen und männlichen Aspekte ihres Wesens annehmen und integrieren.

Die Individuation war im »Dritten Reich« wie auch im Krieg bedrohlich und tödlich. Die unbewusste Angst, das wahre Selbst zu entwickeln, herrschte in dieser Familie noch jahrzehntelang später. Der äußere Rahmen war deshalb wichtiger als das Innere. Wiltrud lebte lange Zeit weitgehend außenorientiert in gesellschaftlichen Gruppierungen. Aus den erstarrten Figuren auf einer Spieldose, die keine eigenen Bewegungsmöglichkeiten haben, entstehen in Wiltruds innerer Welt schließlich lebendige Wesen. Wiltrud entdeckt ihre eigene Stimme.

Auch meine Erschütterung über die Traumata der Eltern, meine Trauer und meine Berührtheit ermöglichen Wiltrud viele Wachstumsprozesse. Durch das Bearbeiten der elterlichen Traumata und die Rekonstruktion ihrer Lebensgeschichten kann sich Wiltrud von deren Welt trennen und ihre eigene innere Welt entfalten. Sie kann ihre Rolle als Frau und als Mutter besser annehmen. Die Generationen trennen sich innerlich voneinander und achten sich. Wiltrud kann viele neue Lebensbereiche entwickeln.

Im Gegensatz zu Violas Geschichte ist Wiltruds inneres Leben weniger überschattet. Die traumatische Kündigung des Vaters war in ihr wie ein versteinertes Introjekt, das durch die Beschwerde des Schülers reaktiviert und bearbeitbar wurde.

Eine Ursache für den günstigen Therapieverlauf sehe ich in der emotionalen Stabilität von Wiltruds Eltern. Man hat den Eindruck, dass beide die kriegsbedingten Traumata hinreichend verarbeiten konnten. Beide waren fähig, ihr Leid sowie ihre Liebe zueinander zu symbolisieren und sich verbal beziehungsweise schriftlich mitzuteilen. Das zeigt sich in ihrem berührenden Briefwechsel. Sie konnten die Liebesbeziehung über die achtjährige Trennung aufrechterhalten, was für die gesamte Familie stabilisierend war.

■ Mir geht alles in die Brüche

Eine sympathische Stimme meldet sich am Telefon. Susanne bekam von einem Kollegen meine Adresse und möchte nun bei mir eine Therapie machen. Kurzfristig, unbedingt vor Beginn der Sommerferien, will sie mich kennen lernen. Obwohl wir beide unter Zeitdruck sind, vereinbaren wir für den nächsten Tag einen Termin. Eine halbe Stunde später als vereinbart klingelt es. In einem weit ausgeschnittenen, bunten Sommerkleid springt Susanne über die steilen Treppen, die zu meiner Praxis führen, wie ein Kind auf mich zu. »Hoffentlich fällt sie nicht hin«, denke ich besorgt. Völlig außer Atem setzt sie sich auf die Couch, zieht ihre Beine hoch und umschlingt sie mit ihren Armen. Mit ihren kurzen blonden Haaren, ihrer braun gebrannten Haut und in ihrer Körperhaltung wirkt sie wie ein junges Mädchen, das ihre Freundin zum Baden abholt, und nicht wie eine 40-jährige Frau, die therapeutische Hilfe sucht. Lebendig sprudelt es aus ihr heraus: »Schon am Gartentor wusste ich, dass ich jetzt endlich meinen richtigen Platz gefunden habe, und freue mich, dass ich bei Ihnen gelandet bin.«

Spontan beginnt Susanne zu erzählen, dass ihr im Leben alles in die Brüche gehe. Sie habe ständig Unfälle, breche sich die Knochen und auch ihre Beziehungen würden zerbrechen. Sie verliebe sich immer wieder in verheiratete Männer, habe zu diesen verheimlichte Beziehungen und komme mit ihrem Liebesleben nicht zurecht. Detailliert berichtet sie nun von ihren zahlreichen, sich überschneidenden Liebhabern und Affären. Ihre Ausführungen sind verwirrend, weil sie die verschiedenen Männer durcheinander würfelt, so dass auch ich sie nicht auseinander halten kann. Sie beteuert, dass sie schrecklich unter all den Verwirrungen und Verstrickungen leide, was ich gut nachempfinden kann. Am besten gehe es ihr noch, wenn sie wie zurzeit allein sei, denn in Beziehungen fühle sie sich eingeengt. Nach einer Pause sagt Susanne leise: »In mir ist viel Trauer. Ich weiß, dass Sie mir helfen können. Ich werde gerne hierher zu Ihnen fahren. Außerdem interessiert mich die psychoanalytische Therapiemethode, weil ich Juristin bin und hoffe, psychologische Zusammenhänge mit ihrer Hilfe besser zu verstehen. Jetzt mache ich bald eine große Asienreise und komme erst wieder im Oktober«, merkt sie beiläufig an. »Da fangen wir ja gleich mit einer Trennung an«, konfrontiere ich sie. Susanne ist völlig überrascht, versteht meine Äußerung nicht und bedankt sich schließlich irritiert, aber herzlich für diese Stunde.

Nach diesem ersten Gespräch bin ich unsicher, ob bei Susanne eine psychoanalytische Therapie indiziert ist. Ich frage mich, ob Susanne wirklich beabsichtigt, eine Therapie zu machen, oder aber eine Therapietechnik lernen möchte oder mich als Freundin gewinnen will. Ich habe das Gefühl, dass sie viele Schwierigkeiten vernebelt und verleugnet. Für mich ist ihre Situation schwer fassbar. Ich überlege mir auch, ob sie überhaupt nach ihrem Urlaub noch einmal zu mir kommen wird.

Neun Wochen später erscheint sie. Erneut erklärt sie, dass ihre Beziehungen zu Männern immer wieder in die Brüche gingen. Sie könne sich schwer abgrenzen und leide sehr unter den Trennungen. Sie sei häufig traurig und weine. Phasenweise habe sie Depressionen und könne sich allein nicht mehr zurechtfinden. Sie habe Suizidgedanken. Wegen der häufigen Unfälle verbringe sie jedes Jahr mehrere Monate im Krankenhaus. Susanne überreicht mir eine besorgniserregend lange Liste, in der sie die Jahreszahlen und die entsprechenden Knochenbrüche aufgeschrieben hat. Arme, Beine, die Nase, das Schlüsselbein – alles hat sie sich schon mehrmals gebrochen. Außerdem leidet sie häufig unter Übelkeit und Atemnot.

Susanne erzählt ihre Lebensgeschichte: Sie wurde vor 40 Jahren südlich von München geboren. Ihr Vater ist Kaufmann. Sie schildert ihn als selbstsicher und sensibel. Er hat sie immer unterstützt. Die Mutter war früher Sekretärin. Susanne beschreibt sie als gepflegt, sehr positiv und als »den älteren Abklatsch« von sich selbst. Sie habe viel Gespür und besitze telepathische Fähigkeiten. Da ihre Mutter ganztags berufstätig war, wurde Susanne von einer Kinderfrau versorgt. Trotzdem wurde Susanne ein Jahr lang gestillt. Ihre Kindheit und Jugend bezeichnet sie als sehr »kuschelig«, bis sie mit 16 Jahren an Tuberkulose erkrankte und 13 Monate in einem Lungensanatorium verbringen musste. »Da ich zu Hause keine Luft bekam und meine Mutter mit mir nicht zurechtkam, musste ich in das Sanatorium. Ich entging damit der pubertären Auseinandersetzung mit der Mutter«, erklärt Susanne.

Sie wurde damals aus der Familie, dem Freundeskreis und dem Klassenverband gerissen und war völlig isoliert, da jeglicher Kontakt unterbunden wurde. Deshalb fühlte sie sich sehr unglücklich und nahm etwa 15 Kilogramm zu. Im Sanatorium versuchte sie ein Pfarrer sexuell zu verführen. Seit dieser Zeit habe sie häufig Knochenbrüche. Wieder klagt sie, dass auch die Beziehungen zu Männern in die Brüche gingen: »Ich hatte viele Freunde. Sie waren meist verheiratet und lebten ein Doppelleben. Auch ich hatte häufig mehrere Liebhaber gleichzeitig.«

In ihrer beruflichen Laufbahn dagegen hat sie weniger Probleme. Nach einer Ausbildung als Bürokauffrau studierte sie Jura und arbeitete dann in den verschiedensten Kanzleien. In ihre Chefs, die meist verheiratet waren, war sie oft verliebt. Sie möchte sich nun niederlassen. Ihr Spezialgebiet ist Familienrecht.

Warum hat Susanne trotz ihrer positiv geschilderten Eltern und einer »kuscheligen Kindheit« Depressionen, Suizidimpulse und so »brüchige« Beziehungen zu Männern? Warum verletzt sie sich so häufig? Warum hat sie so viele Unfälle? Warum geht sie so selbstzerstörerisch mit sich um? Wurzeln Susannes seelische Störungen in ihren frühkindlichen Belastungssituationen und den frühen Trennungen von der Mutter, die ganztägig arbeitete, als Susanne noch ein Baby war? Oder ist Susanne durch die zahlreichen Klinikaufenthalte und den einjährigen Sanatoriumsaufenthalt traumatisiert? In dieser Zeit wurde Susanne von Pflegeschwestern betreut, die sie sadistisch behandelten, zeitweise einsperrten, körperlich misshandelten und soziale Kontakte zu Gleichaltrigen verboten. Von einem Pfarrer wurde Susanne sexuell missbraucht.

Nach den ersten Gesprächen überlege ich: Leidet Susanne aufgrund dieser Ereignisse in der Kindheit und in der Pubertät unter ihren seelischen Beschwerden, Trennungsängsten und Beziehungsproblemen? Kann sie ihre Beziehungen zu Männern nicht halten, weil sie als Baby und als Kind nicht genügend gehalten wurde? Inszeniert sie mit unerreichbaren Männern Brüche, um dem Verlassenwerden, der damit verbundenen Trauer und dem Trennungsschmerz zu entgehen? Ich frage mich auch, ob sich in diesen Unfällen Suizidimpulse äußern und ob in Susannes Familie etwas verheimlicht wird. Ich sorge mich um Susanne, möchte sie halten, schützen und ihr helfen, ihre Selbstdestruktion zu überwinden; deshalb rate ich ihr zu einer psychoanalytischen Therapie. Sie äußert daraufhin Ängste und Zweifel und entschließt sich zu einer Kurztherapie.

Ich habe einen Hut über dem Kopf und kann nichts sehen

Susanne schildert bereits zu Beginn der Therapie ihre Angst vor Klarheit und ihre Angst davor, sich irgendetwas einzugestehen. Als ich sie nach den Ursachen dieser Ängste frage, meint sie, dass sie mit ihren Eltern nichts bereden konnte, deshalb könne sie auch in ihren Beziehungen zu Männern nichts klären. Alle Beziehungen erschienen ihr verwirrend und unergründlich, sogar eine ihrer wichtigsten Beziehungen, die zu Michael, sei nach zweieinhalb Jahren für sie aus völlig unerklärlichen Ursachen in die Brüche gegangen. Sie war dann fünf Jahre mit einem verheirateten Mann befreundet. Er habe die Nächte heimlich mit ihr verbracht und sonst ein »normales« Familienleben geführt. Als ich sage, dass ich mir nicht vorstellen könne, dass seine Frau das nicht gemerkt habe, ist Susanne völlig irritiert. Sie beginnt nun von ihrem Chef zu erzählen, der ähnlich wie ihr Vater sei und den sie gern verführen würde. Als ich darauf hinweise, dass sie dann ihr altes Beziehungsmuster wiederhole, in einer Illusion lebe und verleugne, dass ihr Chef verheiratet sei, fühlt sie sich »hundeelend, allein und völlig im Keller«. Sie erlebt sich »unsicher, unbeholfen, gelähmt, wie hinter Milchglasscheiben«. Sie hat Angst, die Realität anzuschauen.

Ihre seelische Befindlichkeit zeigt sich deutlich in ihrem ersten Traum. »Ich habe einen Hut über dem Kopf, kann nichts sehen, so dass mir ganz schwindlig ist. Ich habe meine Orientierung verloren und bin benommen.« Als ich Susanne nach ihren Einfällen zu diesem Traum frage, meint sie, dass sie als Kind mehrmals geschlagen worden sei, ihr sei damals auch schwindlig geworden und sie habe das Gefühl, seither von Teilen ihrer Kindheit beraubt zu sein. Deshalb sei sie verschüchtert. Sie habe so große Angst, zurückgewiesen zu werden, dass sie sich oft verschließe und zusammenkauere. Susanne berichtet nun von ihren Operationen, von ihrem Aufenthalt im Sanatorium, von der sozialen Isolation, den Demütigungen und von der ersten sexuellen Verführung durch den Pfarrer. Auch damals fühlte sie sich benommen, schwindlig und orientierungslos. Ich deute, dass sie diese Verwirrung nun in ihren aktuellen Beziehungen zu Männern wiedererlebe. Susanne betont hierauf noch einmal, dass sie auch mit ihren Eltern nichts klären könne.

Susannes Traum symbolisiert das eigene und das elterliche Tabu, die Realität anzuschauen, sowie die Folge, dass jeder isoliert und von der Realität abgeschnitten bleibt. Auch ein Dialog hierüber ist nicht möglich. Susanne fühlt sich deshalb nicht geerdet und orientierungslos. Sie ist selbst mit dieser elterlichen Haltung so identifiziert, dass auch sie die Realität und ihre Gefühle immer wieder abspaltet. Das Verbot hinzuschauen, weil vieles verheimlicht bleiben muss, und die Verwirrung hierüber erlebt Susanne auch in unseren Sitzungen. Sie kann Sachverhalte nur schwer darstellen, versteht meine Konfrontationen häufig nicht. Deutungen verwirren sie. Das Erarbeitete geht ihr nach den Stunden verloren. Selbst von ihr gewünschte Terminverschiebungen bedürfen längerer Zeit, bis sie diese klar ausdrücken kann. Wir sprechen hierüber. Mit großer Geduld von beiden Seiten versuchen wir uns zu verständigen. Wir überwinden die Sprachlosigkeit und bearbeiten die Tabus der Eltern. Langsam beginnt sich Susanne der Realität zu stellen. Dadurch erkennt sie erstmals eine Vielzahl von schwierigen familiären Begebenheiten. Susanne berichtet, dass ihre Eltern nicht konstruktiv miteinander reden, sich nicht verständigen können und viel streiten. Die Mutter entwerte den Vater, weil er ihre Erwartungen nicht erfüllen könne. Ihren ehemaligen Chef dagegen idealisiere ihre Mutter nach wie vor. Das löst in Susanne Trauer, aber auch Wut und Ärger aus.

Wir bearbeiten Susannes Ängste, sich mit mir ebenso wie mit den Eltern nicht verständigen zu können, sowie ihre Angst, auch mit mir nichts klären zu können. Durch unseren Dialog fühlt Susanne sich geerdeter. »Ich habe nach den Stunden immer deutlicher den Boden unter den Füßen und falle nicht mehr hin«, stellt sie erleichtert fest und entschließt sich nach der Kurzzeittherapie zu einer Psychoanalyse. Sie möchte viermal in der Woche mit mir arbeiten. Wir vereinbaren unsere Termine und unsere anstrengende Arbeit beginnt. Susanne erzählt kunterbunt und für mich häufig unzusammenhängend von den unterschiedlichsten Ereignissen. Ich erlebe ihre Verwirrung. Susanne lebt gleichzeitig in der Vergangenheit und Gegenwart, in der Phantasie und der Realität, in ihrer inneren und äußeren Welt. Gemeinsam bringen wir Ordnung in dieses Chaos. Wir klären Probleme, die an ihrem Arbeitsplatz und in ihren privaten Kontakten auftreten. Dies erweist sich als sehr schwierig. Konsequent versuche ich, mit ihr die Realität anzuschauen, wenn sie sich zum Beispiel wieder in ein »Wunschbild« verliebt. Wie ist dieser Mann wirklich? Wie reagiert er auf ihre Äußerungen? In welcher Situation lebt er? Allmählich beginnt Susanne zaghaft, die Realität etwas unverschleierter zu betrachten. Sie setzt sich mit ihrem Vater und ihren Beziehungen zu Männern auseinander: Wie ist mein Vater? Wie war mein ehemaliger Freund? Wie ist mein Chef? Wir erarbeiten die Gemeinsamkeiten und die Unterschiede zwischen den Männern. Dieser Prozess strengt Susanne sehr an.

Während der Therapiestunden fühlt sie sich manchmal gelähmt, wie eingesperrt oder mutterseelenallein und leidet unter Atemnot. Auf der Couch erlebt sie also ähnliche Gefühle wie in ihrer Kindheit: »Innerlich war ich schon immer allein. Ich war stumm, es gab keinen Dialog. Ich habe nicht gewusst, wie ich bin. Gleichzeitig haben wir so getan, als wenn alles in Ordnung und ich die beste Freundin meiner Mutter wäre. Alles fand gleichzeitig statt. Ich lebte in einer Welt voller Illusionen.«

Plötzlich donnern Vulkangesteine und riesige Steintrümmer auf mich

Ich mache Susanne auf die Zusammenhänge zwischen der Sprachlosigkeit und ihren Illusionen aufmerksam und deute, dass sie durch ihre Unfälle »auf den Boden« komme. Außerdem erläutere ich, dass ihre Knochenbrüche gleichsam ihre innere Brüchigkeit darstellen würden. Wiederholt beleuchte ich die Verschwiegenheit der Eltern, frage nach den möglichen Ursachen und konfrontiere Susanne mit der eigenen Sprachlosigkeit. Sie wird allmählich entspannter und leidet seltener unter Atemnot. Sie vertritt häufiger ihre eigene Meinung, wird lebendiger und eigenständiger. »Auch mit meinen Eltern möchte ich über ihre Lebensgeschichte sprechen und nicht so verzweifelt sein. Aber diese Wünsche lösen große Ängste aus«, klagt Susanne und erzählt daraufhin folgenden Traum. »Ich war auf einem Vulkan. Plötzlich sind Vulkangesteine und riesige Steintrümmer auf mich gedonnert. Alles ist auf mich eingestürzt. Ich war dann wie gerädert.« Nach einer Pause fährt Susanne fort. »In meiner Arbeitsstelle und in Beziehungen fühlte ich mich immer überrollt. Ich konnte bisher nichts selbst durchstehen. Konflikte habe ich nicht erkannt. Nur mühsam habe ich mich irgendwie zurecht-gefunden. Mein eigenes Leben habe ich nicht gelebt.«

Ich deute, dass Susanne keinen sicheren Boden unter den Fü-ßen habe und ihre innere Welt ähnlich dem Vulkan lebensbedroh-lich, unheimlich und unberechenbar sei. Ihre zerstörerischen Im-pulse, die wie ein Vulkan aus ihrem Inneren explodieren, könne sie nicht kontrollieren und integrieren.

Diese Eruptionen von Angst, Depressionen und Selbstde-struktion erlebt Susanne besonders in den Unterbrechungen un-serer Therapie. Am Wochenende und in den Ferien leidet sie, weil ich ihr innerlich verloren gehe. Manchmal hat sie auch sui-zidale Impulse. Während unserer ersten längeren Ferienpause, den Weihnachtsferien, hat sie prompt einen Skiunfall. Auf Krü-cken und mit einem Gipsbein humpelt sie nach den Ferien hastig über die eisigen, steilen Treppen, die zu meiner Praxis führen. Wieder bin ich besorgt, sie könnte ausrutschen. Sie berichtet von ihrem Unfall, ihren Schmerzen und dass sie mit ihrem Chef Kontakt aufzunehmen versuchte, weil sie sich von ihm Rat und Fürsorge erhoffte. Er sei jedoch nicht zu erreichen gewesen, weil er in Urlaub war. Deshalb habe sie sich ganz einsam gefühlt. Sie erzählt:»Ich träumte, dass ich auf einer Couch lag und fast he-runtergefallen bin. Dann ist jemand gekommen, hat mir zwei Nackenrollen gegeben und geholfen. Er hat versucht, mich in den Arm zu nehmen.« Susanne sieht diesen Traum als Spiegel unserer therapeutischen Beziehung:»Ich bin froh, dass Sie sich um mich sorgen und mir helfen.« Die Angst, von der Couch zu fallen, verstehen wir als Susannes Befürchtung, von mir wie von der Mutter nicht gehalten zu werden. Ihre Mutter hatte aufgrund einer Fehllagerung während des Kaiserschnitts längere Zeit Läh-mungserscheinungen im Arm und konnte deshalb ihre Tochter beim Stillen nicht richtig halten. Susannes Ängste, von der Mut-ter früh verlassen zu werden, sind in den Ferien infolge der Tren-nung von mir wieder aufgetaucht. Diesmal können wir über ihre Hilflosigkeit und Verzweiflung sprechen.

Auch der folgende Traum spiegelt wider, dass Susanne früh von ihren Eltern getrennt wurde.»Ich habe geträumt, dass ein Kind in einem Schlafzimmer mit einem Ehepaar zusammen war.

Die Kinderschwester hat dann das Kind hinausgetragen, weil es abgelehnt wurde. Sie hat sich mit dem Kind versteckt und ist geflüchtet.« Susanne berichtet, sie habe das Gefühl, dass eine Schwester sie nach ihrer Geburt von der Mutter wegtrug, weil diese sie nicht in den Arm nehmen konnte. Von Verwandten und Bekannten habe sie erfahren, dass ihre Mutter sie als Baby wie eine Puppe behandelt habe und sie anders haben wollte als sie war. Ihr Vater sei während ihrer Säuglingszeit selten zu Hause gewesen, da er in einer anderen Stadt arbeitete und wohnte.

Vor den nächsten Ferien biete ich Susanne an, dass sie mit mir Kontakt aufnehmen könne, wenn sie wieder in eine psychische Krise geraten würde. Sie ruft während der Ferien tatsächlich an und bittet dringend um eine zusätzliche Stunde. Wir vereinbaren einen Termin. Susanne erzählt verzweifelt, dass sie nicht mehr leben wolle und den Impuls habe, von einer Brücke zu springen. Sie habe Angst, sich völlig zu verlieren. Ich erkläre ihr, dass durch unsere Ferien in ihr ganz frühe Ängste wiederbelebt wurden, die sie als Baby hatte, wenn sie von der Mutter getrennt wurde. Diese frühen Verlassenheitsgefühle, die Todesängste und die Angst, fallen gelassen zu werden, drängen sie nun dazu, sich selbst in die Tiefe zu stürzen. Susanne bedankt sich, dass ich für sie in den Ferien erreichbar war, ihr eine Zusatzstunde gab und geht sichtbar erleichtert. Von der therapeutischen Beziehung innerlich gehalten, kann sie die restlichen Ferien durchstehen.

Ich bekomme hier die Schuhe, die ich brauche, um meinen eigenen Weg zu gehen

In den folgenden Wochen schildert Susanne ausführlich ihre existenziellen Ängste. Sie berichtet, dass sie jede Trennung mit dem Tod verbinde und mit Atemnot reagiere. Sie habe Angst, dass auch ich sowie das in der Therapie Erarbeitete ihr wieder verloren gingen und sie sterben würde. Einige Wochen später träumt sie: »Ich war hier. Die Couch war ein Stück weggerückt. Ich wanderte mit einer Gruppe. Wir kamen zu einem alten Schloss, das umgeben war von einem großen Wald und an einem schönen See lag. Dort gab es Schuhe und alles was ich brauche.« Susanne erinnert die Atmosphäre in diesem Traum an die meines Gartens. »Ich bekomme hier die Schuhe, die ich brauche, um meinen eigenen Weg zu gehen«, sagt sie dankbar.

Immer wieder befürchtet sie aber, von mir weggeschickt zu werden oder mich zu enttäuschen. Nachdem wir diese Ängste bearbeitet haben, kann Susanne ihre Wünsche, aber auch Konflikte in ihren Beziehungen häufiger ansprechen. Unter anderem kommt es zu einer Aussprache mit ihrem Chef, wodurch Susanne die Grenzen dieser Beziehung deutlich werden. Wir verstehen ihre unerfüllbaren Beziehungswünsche an verheiratete Männer als ödipalen Wunsch, den Vater zu erobern, als Versuch, in eine Zweierbeziehung einzubrechen, die Mutter auszustechen und zu übertrumpfen. Außerdem erkennt Susanne ihre Identifikation mit ihrer Mutter, die zu ihrem Chef ebenfalls eine idealisierende, innige, erotisch gefärbte Beziehung hatte und mit mehreren Ärzten befreundet war. Ihren Mann dagegen entwertete sie. Auch Susanne entwertet die Männer, die sie heiraten wollen.

Susanne spricht nun erstmals ausführlicher mit ihrer Mutter über deren ehemaligen Freunde. Sie erfährt, dass die Mutter kurz vor Beginn des Zweiten Weltkriegs mit einem Piloten, Arnim, befreundet war, den sie sehr geliebt habe. Kurz nach der Verlobung stürzte er bei einem Flug tödlich ab. Dann war sie mit Josef, einem Juden, liiert. Sie wurde von ihm schwanger, beendete diese Beziehung und hatte angeblich bald darauf einen Abgang. Josef floh nach England. Susanne glaubt, dass ihre Mutter damals abgetrieben habe. Kurze Zeit darauf lernte Susannes Mutter ihren späteren Mann Werner – Susannes Vater – kennen. Sie begegneten sich im Krankenhaus, in dem sie als Sekretärin arbeitete. Werner lag dort schwer verletzt. Nach wenigen Wochen heirateten die beiden 1941. Werner musste bald wieder an die Front. Mehrmals kehrte er aus dem Krieg lebensgefährlich verwundet zurück. Er erlitt mehrere Knochenbrüche, erkrankte an einer Hepatitis und trug infolge eines Kopfschusses eine lebensbedrohliche Kopfverletzung davon. Er musste deshalb lange neurologisch und psychiatrisch in einer Klinik betreut werden. Seither leidet er zeitweise unter Verwirrtheitszuständen und extremen Kopfschmerzen. Über all dies durfte Susanne mit ihren Eltern nicht sprechen. »An diesen Tabus darf nicht gerüttelt werden. Da kommen drückende Schuldgefühle auf, weil der Glorienschein der Eltern nicht zerstört werden darf«, klagt sie. Wenn Susanne die Eltern nach den Erlebnissen im Krieg fragte, wurde sie häufig wie früher als Kind damit bestraft, dass ihre Eltern nicht mehr mit ihr redeten. Das war für sie schwer auszuhalten.

Inzwischen verstehen wir Susannes verworrene und brüchige Beziehungen zu Männern als Wiederholung der zerbrochenen Männerbeziehungen ihrer Mutter. Möglicherweise hatte Susannes Mutter infolge ihrer zahlreichen Schicksalsschläge und Verluste auch Angst, zudem ihre Tochter zu verlieren. Susanne geht nun behutsamer mit sich um. Indem ich die unterschiedlichen Lebenssituationen von Mutter und Tochter wiederholt betone, werden Differenzierungsschritte möglich.

Susanne träumt: »Ich sitze in einem Auto. Es zieht. Ich mache alle Fenster zu. Mir wird schlecht. Ich habe Angst zu sterben und beginne zu heulen.« Nach einer längeren Pause fährt Susanne betroffen fort: »Dieser Traum war sehr wichtig. Er war wie eine Befreiung. Ich konnte weinen und mich das erste Mal schützen. Durch das Weinen hat sich in mir etwas gelöst. Ich beginne meine Identität zu ahnen.« Susanne lernt sich abzugrenzen und sich zu schützen. Sie bekommt Zugang zu ihrer Trauer. Ich mache sie darauf aufmerksam, dass sie ihre Umwelt genauso bedrohlich erlebe und sich deshalb ganz verschließen müsse. Sie erzählt, wie oft sie von ihrer Mutter verletzt und entwertet worden sei. Langsam entwickelt sie größeres Vertrauen. Freundschaften zu Frauen entfalten sich. Das Leben macht ihr zusehends mehr Freude. Sie hat nun Mut zu einer beruflichen Veränderung und möchte sich als Rechtsanwältin niederlassen. Juristische Sachverhalte verstehe sie jetzt schneller und könne sie klarer formulieren. Das erleichtere ihr den Schritt in die Selbstständigkeit.

»Nur über den Beziehungen zu Männern hängt noch das Damoklesschwert. Da habe ich wieder Angst, nicht zu genügen und enttäuscht zu werden«, klagt Susanne. Wieder versuchen wir, die Wurzeln dieser Ängste aufzuspüren. Sie spricht erneut davon, dass ihr Vater während ihres ersten Lebensjahrs nicht zu Hause gewohnt habe und nur selten gekommen sei. Sie meint, dass sie deshalb aus Angst vor Trennungen zu Männern keine intimen Beziehungen knüpfen könne und unfähig sei, ihre Gefühle zu äußern. »Wissen Sie, wenn ich meine Gefühle geäußert habe, hat man mir gesagt, ich sei der Hausteufel. Meine Mutter behauptet, dass ich von Geburt an Hörner am Kopf hatte und als Teufel geboren wurde.«

Ich wurde als Teufel geboren

Ich konfrontiere Susanne damit, dass das die Projektionen ihrer Mutter seien, die real mit ihr nichts zu tun hätten. Susanne beginnt sich nun von dieser Vorstellung der Mutter innerlich zu distanzieren. Sie ist traurig und wütend über diese Unterstellungen. »Ich fühle mich unglücklich. Ich war krank, einsam, lustlos und hatte mich nicht in der Hand. Weder Vater noch Mutter waren für mich emotional erreichbar.« Ich äußere nun die Vermutung, dass ihre Mutter seit dem Flugzeugabsturz ihres Freundes und der Flucht von Josef unter unbewussten Schuldgefühlen litt. Diese Schuldgefühle, ihre Trauer und ihre Enttäuschungswut projizierte sie auf Susanne. Infolge ihrer traumatischen Verluste und ihrer eigenen Konflikte war sie verwirrt und für Susanne innerlich wenig erreichbar.

Mit Hilfe der wiederholten Klärung der Lebensgeschichte der Eltern und des Durcharbeitens von verwirrenden Szenen sowie der frühen Traumata gelingt Susanne eine weitere innere Distanzierung von den Eltern. Sie beschreibt ihre Fortschritte: »Ich kann mich besser abgrenzen, bin vorsichtiger und schütze mich mehr. Ich fühle mich kräftiger und stabiler. Auch wenn mir die Trennungen von Ihnen immer wieder schwierig erscheinen, haben sie nicht mehr diese Tragik. Ich bin zwar traurig, kann aber die Beziehung halten und erlebe sie nicht mehr als totalen Bruch. Ich komme schneller in die Realität. Früher dachte ich bei Trennungen immer, ich sehe Sie nie mehr wieder. Jetzt bin ich beständiger und kann dadurch meine Beziehungen zu Frauen besser gestalten. Auch meine bisherigen Freunde unterscheide ich nun deutlicher voneinander. Ich fühle mich geerdeter, langsamer, bewusster und hatte schon lange keinen Unfall mehr. Meine Mutter erlebe ich selbstverständlicher, liebevoller und offener als früher. Meine Depressionen und Angst vor dem Tod habe ich vorwiegend nur noch am Wochenende. Da kann ich nur schwer damit umgehen.«

Susanne schildert folgenden Traum: »Ich wollte zum Baden gehen. Da waren zwei Männer. Plötzlich ist Inge, meine Freundin, aufgetaucht. Ich war in einer Einzelkabine, die zugesperrt war, und wollte raus. Dann musste ich durch einen lehmigen Sumpf gehen, um auf die andere Seite zu gelangen, die ich nicht sehen konnte, aber ein Mann konnte mehr sehen als ich. Wir sind dann auf dem Festland gut angekommen.« In diesem Traum verlässt Susanne ihre enge, »verschlossene« Welt, überwindet einen Sumpf, ihre brüchige, wenig haltende innere Welt und gelangt mit Hilfe von mütterlichen und väterlichen Begleitern – das bedeutet auch durch die Therapie – ans Festland. Sie spürt festen Boden unter den Füßen und ihre inneren Räume erweitern sich. Mich erinnert dieser Traum auch an das Schicksal von Josef, den jüdischen Freund der Mutter. Er floh nach England und verließ den »Sumpf« des »Dritten Reiches«. Susanne entschließt sich, mit Josef Kontakt aufzunehmen, und schreibt ihm und seiner Tochter einen Brief. Nach wenigen Wochen erfährt sie, dass er kürzlich verstarb. Seine Tochter antwortet Susanne ausführlich und schildert die Lebensgeschichte ihres Vaters. Susanne berichtet, dass sie in einer Familienaufstellung Josef und »das Kind, das nicht zur Welt kommen durfte«, aufgestellt habe. Dieses Thema zeigt sich auch in diesem Traum: »Ich träumte von einem Buben, der etwa acht Jahre alt war und bedroht wurde. Seine Mutter war hochschwanger. Mit einem Säbel hat man in ihren Bauch gestochen.« Wieder konfrontiere ich Susanne mit dem »Abgang« der Mutter. Susanne setzt sich mit der Verbindung zwischen Josef und ihrer Mutter sowie mit dem »Kind, das nicht leben durfte« auseinander. Wir versuchen wieder, ihre Lebensgeschichte von der ihrer Mutter zu trennen. Das bewirkt in Susanne eine Befreiung.

Glücklich teilt sie mit, dass sie sich erstmals richtig gefreut habe, da sein zu dürfen. Sie erlebt eine »Horizonterweiterung«, »neue Welten eröffnen sich«. Ich weise darauf hin, dass die auf sie übertragene Schuld der Mutter hinsichtlich des Schicksals des jüdischen Freundes ihr den Zugang zum Leben und zu Männern bisher erschwert habe. Von Schuld- und Schamgefühlen geplagt, hatte sie das Gefühl, es niemandem recht zu machen und nicht da sein zu dürfen, das heißt, nicht unbeschwert leben zu dürfen. Susanne gelingt es, mit der zunehmenden Differenzierung ihre Gefühle klarer von denen ihrer Mutter zu unterscheiden und ihr Eigenes zu entwickeln. Sie mietet ein Haus mit Garten und eröffnet eine Kanzlei. Zum ersten Mal baut sie sich ein gemütliches Nest, in dem sie sich wohl fühlt. Die Beziehungen zu Frauen werden stabiler. Auch ihre freundschaftlichen Beziehungen zu Männern werden klarer. Ihre Freunde und deren Lebenssituationen nimmt sie differenzierter wahr. Sie hat aber noch große Angst vor Intimität und einer sexuellen Beziehung.

Mein Vater war Scharfschütze

Wir ergründen die Ursachen für ihre Angst vor einer nahen Beziehung zu einem Mann. Susannes Einfälle führen uns zu ihrem Vater. Sie berichtet, dass sie über seine Lebensgeschichte, insbesondere über sein Schicksal im Krieg, nichts wisse. Sie erzählt, dass ihr Vater Gebirgsjäger war und schildert ihn als tollen Sportskameraden und guten Skifahrer. Ich konfrontiere sie damit, dass sie ihn idealisiere. Es fällt ihr schwer, sich mit ihm als realer Person und mit seiner Vergangenheit, vor allem der Kriegszeit, zu beschäftigen. Wiederholt weise ich darauf hin, dass sie die Realität des Kriegs sowie die Rolle des Vaters verleugne. Das Grauen und den Schrecken des »Dritten Reiches«, die Vernichtung der Juden sowie das Morden und Plündern im Krieg will sie nicht wahrhaben. Ich rege Gespräche mit ihrem Vater an. Nach langem Zögern versucht sie schließlich, mit ihm über seine Erlebnisse im Krieg zu sprechen. Diese Gespräche sind für Susanne verwirrend, da ihr Vater völlig widersprüchliche Aussagen macht. Sie kann sich mit ihm nicht verständigen. Deshalb besorgt sie sich nun Bücher über den Zweiten Weltkrieg. Sie ist erstaunt, wie wenig sie weiß. Wir sprechen darüber, dass sie selbst banale geschichtliche Fakten über den Zweiten Weltkrieg nicht kennt. Susanne berichtet nun erstmals, dass ihr Vater als Scharfschütze einer Elitegruppe angehörte, die das Führerhaus in Berchtesgaden bewachte, und dass er selbst auch Scharfschützen ausbildete. Wieder leugnet Susanne die Bedeutung dieser Position. Die Auseinandersetzung mit dem Vater und dessen Vergangenheit spiegelt sich nun in vielen Träumen wider. Hierzu ein Beispiel: »Ich träumte, dass ich in ein unheimliches Lager gekommen bin. Es sah so aus wie in Berchtesgaden. Es wurde von zwei Männern bewacht. Wenn ich mich bewegte, war ich scharfen Schäferhunden ausgeliefert. Ich versuchte mich zusammen mit einer Frau durchzugraben.«

Susanne merkt zu diesem Traum an, dass die Hunde sie fast umgebracht und die Männer Nazis geglichen hätten, die hämisch lachten. Das unheimliche Lager erinnere sie an das Führerhaus in Berchtesgaden, das ihr Vater bewachte, aber auch an ein Konzentrationslager. »Die Auseinandersetzung mit der Geschichte meines Vaters ist sehr schwierig. Was er nach dem Abitur machte, weiß ich praktisch nicht. Zwischen der Machtergreifung Hitlers bis zum Ende des Kriegs gibt es eine große Lücke. Es wurde nichts geredet.« Das zeigt auch dieser Traum: »Ich träumte, dass die Todesanzeigen von zwei Männern in einer Zeitung abgedruckt waren. Mein Vater und ich gingen schweigend durch einen Klosterhof. Dort standen zwei leere Särge. Die Toten waren fortgelaufen. Ich trug einen langen, grauen Mantel. Er war mir viel zu eng, es war nicht mein Mantel.«

Susanne verbindet mit der Suche nach den »verschwundenen« Toten die therapeutische Situation. Auch wir suchen nach den verborgenen Leichen der Familie. Die Todesanzeigen – so meint Susanne – teilen den Tod von Arnim und Josef mit. Die Särge waren leer, das heißt, die beiden Toten durften nicht betrauert werden. Sie wurden bisher totgeschwiegen, waren nicht vorhanden. Susanne trägt in diesem Traum einen langen, grauen Mantel, ähnlich einem Wehrmachtsmantel. Er ist ihr viel zu eng. Sie hat die Last der Vergangenheit ihres Vaters zu tragen, ist in seiner Uniform. Die vermeintliche Schuld, die Trauer, die Scham schnüren Susanne ein. Auch die Sprachlosigkeit zwischen Vater und Tochter zeigt sich in diesem Traum. Susanne fällt es schwer, mit ihrem Vater über den Krieg zu reden. Trotzdem durchbricht sie wiederholt das Schweigetabu, stellt Fragen an ihn – die unbeantwortet bleiben oder verwirrend beantwortet werden.

Sie träumt: »Ich bin durch Burma gereist und habe Bekannte getroffen, ein Ehepaar mit drei Töchtern. Ich ging dann nach Australien. Es ging um eingepackte Leichen und einen Mord. Ich hatte Dreck am Stecken. Auf mich war ein Kopfgeld von 500 Mark ausgesetzt.« Zu den Leichen assoziiert Susanne die »Kriegsopfer«. Sie »übernimmt die Schuld« der Eltern und fühlt sich als »Schuldige«. Sie hat auch Schuldgefühle den Eltern gegenüber. Sie meint zum Beispiel, wenn sie ihre Eltern innerlich verlässt, sich von ihnen distanziert, würden sie sterben. Susanne erlebt die Eltern als Opfer. Durch das Bearbeiten dieser Verstrickungen erlebt sich Susanne »kräftiger, stabiler, leichter und befreiter«.

Sie fühlt sich geerdeter, bewusster, ihre Beziehung zu den Eltern ist nun offener, selbstverständlicher und liebevoller. Sie beginnt die Lebensgeschichte ihres Vaters aufzuschreiben und bringt ihre Aufzeichnungen mit zur Stunde.

Der folgende Traum spiegelt unsere therapeutische Arbeit: »Ich sollte den Vater meiner Freundin Heidi aus dem Gefängnis befreien. Ich musste mich heimlich durchgraben. Heidi und zwei Buben haben mir geholfen. Es war eiskalt und schwer. Ich fand ihn nicht. Es gab Wachhunde und Soldaten mit Gewehren. Da sah ich Frauen, die schweigend vor sich hingingen wie im KZ oder im Krieg. Es ist kalt.« Susanne sucht ihren Vater und gräbt seine Geschichte aus. Die Soldaten mit den Gewehren verbindet sie mit ihrem Vater. Sie wirkt überrascht und darüber betroffen, als ich sie damit konfrontiere, dass im Krieg Scharfschützen Menschen töteten.

In diesem Traum verdeutlicht sich, wie bedrohlich und mühsam es für Susanne ist, sich mit der Geschichte der Eltern auseinander zu setzen. Susanne beteuert wiederholt, dass sie über das »Dritte Reich« auch nichts aus Büchern oder Filmen weiß. Nicht einmal an eine einzige Geschichtsstunde aus der Schulzeit könne sie sich erinnern: »Da gibt es eine totale Amnesie.«

Ich fühle mich eingesperrt mit der Geschichte meines Vaters

Wie die Vergangenheit des Vaters in unseren therapeutischen Raum gedrungen ist, zeigt auch folgender Traum. »Ein grau gekleideter Mann in einer Uniform ohne Gesicht, ohne Hände, wie ein Schatten kommt in den Therapieraum. Er sagt, er habe einen Hund, der vergiftet ist und gleich sterben wird. Das ist wie eine Geisel. Wo bin ich eigentlich? Ich fühle mich eingesperrt mit der Geschichte des Vaters. Es ist immer wieder so viel unklar.« Susanne liegt auf der Couch. Sie bekommt kaum Luft. Es wird ihr eiskalt. Die Kälte ergreift auch mich. Susanne assoziiert, dass die Juden in der Hitlerzeit mit Gas vergiftet wurden. Mir fällt ein Vortrag von Y. Gampel ein, in dem sie beschreibt, dass das »Dritte Reich« wie ein Gift über Deutschland liege, wie eine radioaktive Strahlung alles verseuche. Ich teile Susanne meine Gedanken mit. Sie fühlt sich wie gelähmt.

In diesem Zusammenhang erinnert sie sich an das Märchen von Rapunzel, das schon als Kind ihr Lieblingsmärchen war. Sie erzählt, dass Rapunzel von einer Hexe in einen Turm gesperrt wurde, weil ihr Vater auf Drängen seiner schwangeren Frau wiederholt aus dem Garten der Hexe ein Kraut, Rapunzel, geholt hatte. Susanne fühlte sich wie Rapunzel lange Zeit eingesperrt. Als ich nach den Ursachen frage, meint sie, dass sie für die Schuld des Vaters büße, da auch ihr Vater im Krieg Grenzen überschritten habe. Susanne wurde übrigens lange von ihrer Mutter »Rapunzel« genannt.

Ich deute, dass sie eine vermeintliche Schuld, nämlich die übernommene Schuld ihrer Eltern, in sich trage und bearbeite mit ihr die projektive Identifikation des Vaters. Das führt zu einem weiteren Differenzierungsprozess; Susanne kann die Lebensgeschichte ihres Vaters stärker von ihrer eigenen trennen. Sie wird sich klar darüber, dass auch ihre Mutter ihre Schuld und die Aggression ihrem Mann gegenüber auf Susanne projiziert hatte. Ihre Mutter erlebte Susanne deshalb als »gehörntes Baby, als Teufel«. Während Susanne das erzählt, fällt mir spontan »das Kind von Josef ein, das nicht leben durfte«. Möglicherweise idealisiert Susannes Mutter auch das Kind von Josef, das sie nicht zur Welt brachte, und entwertet Susanne, wie sie deren Vater entwertet, beziehungsweise nimmt Susanne in ihrer Identität nicht wahr. Ich überlege, ob Susannes Mutter, in der Naziideologie verhaftet, das Kind eines Juden unbewusst als Teufel erlebte und diese Phantasie auf Susanne projizierte. Ich erinnere mich auch an die Zeichnung eines befreundeten Malers, die Minotaurus als Baby mit Hörnern darstellt. Ich entschließe mich dazu, Susanne dieses Bild zu beschreiben, um ihr eine innere Distanzierung von diesem Mythos zu erleichtern. Sie bedankt sich herzlich für diese Stunde.

Beim nächsten Mal stellt sie fest: »Ich habe nun den Mythos der Mutter gebannt. Ich sehe jetzt viel klarer und deutlicher. Die verflochtenen Projektionen meiner Mutter kann ich nun entwirren. Ich spüre mehr meine Phantasien und Gedanken, die bisher verklebt waren. In mir hat sich viel gelöst. Ich war mit Arnim, Josef und dem verstorbenen Kind identifiziert und habe mich mit meinen Unfällen wie diese beinahe getötet. Andererseits bekam ich die Wut meiner Mutter auf meinen Vater ab. Mühlsteine fallen mir jetzt vom Hals. Ich fühle mich befreit, zart und habe viel mehr Raum. Mein Schicksal ist von dem meiner Eltern deutlicher getrennt. Wussten Sie übrigens, dass meine Mutter ihren eigenen Vornamen auf meine Geburtskarte und meine Wiegekarte geschrieben hat? Damals schon bei meiner Geburt vermischten sich unsere Identitäten. Da zeigt sich der Narzissmus meiner Mutter.«

In der folgenden Stunde schenkt mir Susanne einen Karneol, einen Halbedelstein aus Brasilien. Er ist in zwei Teile gespalten. Susanne erklärt zu diesem Geschenk, dass die Geschichte ihrer Eltern nun deutlicher von ihrer eigenen getrennt sei.

Sie beschäftigt sich mit der Geschichte des Minotaurus. Minos ist der Sohn von Zeus und Europa. Er ist König in Knossos auf Kreta. Er wünscht, dass Poseidon zur Legitimierung seiner Herrschaft einen Stier aus dem Meer aufsteigen lässt. Als Minos ihn nicht opfert, sondern seiner Herde beifügt, lässt Poseidon das Tier rasend werden und die Gemahlin von Minos sich in ihn verlieben. Die Frucht dieser Verbindung ist Minotaurus. Für ihn wird ein Labyrinth gebaut. Jährlich bekommt er ein Menschenopfer, bis es Theseus gelingt, ihn zu töten. Minotaurus ist blind vor mörderischer Wut. Er wird zum Ungeheuer verflucht, weil Minos ein Tabu gebrochen hat. Susanne erkennt, dass in diesem Mythos wie auch in ihrer eigenen Herkunftsfamilie und in dem Märchen von Rapunzel die Schuld der Eltern zum Fluch der Nachkommen wird.

Susanne hat nun viele wesentliche Verstrickungen mit ihren Eltern gelöst und inzwischen klarere Beziehungen zu beiden entwickelt. Das spiegelt sich auch in ihren Träumen wider: »Ein alter Freund, der mich sehr geliebt hat, wird plötzlich ein anderer. Dann tut sich eine völlig neue Welt auf, eine warme, reiche Welt. Vielleicht hat diese auch etwas mit Hexen zu tun. Ich habe aber das deutliche Gefühl, dass sich in meinem Leben eine neue Dimension auftun wird.«

Susanne hat viele Ängste, ihre Depressionen und Suizidimpulse überwunden. Sie hatte in den letzten Jahren keine Unfälle mehr. Inzwischen ist sie mit einigen Frauen befreundet.

Die größere Klarheit in der eigenen Lebensgeschichte drückt sich auch in Susannes Arbeit mit ihren Klienten aus. Als Rechtsanwältin erlebt sie sich zunehmend kompetenter. Sie erfasst die juristischen Konflikte ihrer Klienten leichter und schneller als früher.

Ihre Träume sind jetzt »dreidimensional, räumlich und farbig« und spiegeln mehr die eigene innere Welt. Diese Eigenständigkeit und Kreativität äußert sich auch in der Gestaltung ihres Hauses und ihres Gartens.

Ein wichtiger Therapieerfolg ist außerdem, dass ihre Verwirrtheitszustände sie nur noch selten befallen. Sie treten hauptsächlich auf, wenn sie einem Mann begegnet, mit dem sie sich eine Beziehung wünscht; dann fühlt sie sich blockiert, verwirrt, kann keinen klaren Gedanken fassen und ist sprachlos.

Ich hatte Angst vor der Wahrheit

Schwierigkeiten bereiten Susanne noch spezifische Konfliktsituationen, in denen sie die Zusammenhänge von Situationen, Handlungen und emotionalen Reaktionen sowie die Bedeutung von Worten nicht einschätzen und zuordnen kann, was sie orientierungslos macht. Ein Beispiel: Susanne kommt völlig verwirrt zur Stunde. Gefragt nach den möglichen Ursachen dafür, antwortet sie: »Ich weiß nicht, ob ich in ein paar Tagen mit einer Freundin ein Konzert besuchen soll.« Als ich sie damit konfrontiere, warum sie das so verwirrt, zählt sie weitere belanglose alltägliche »Sorgen« auf. Ich kann keinen inneren Zugang zu ihr gewinnen und verstehe ihre Reaktionen nicht. Sie wirkt durcheinander, hat Kopfweh, ihr ist schwindlig. Immer wieder frage ich, was sie bedrückt. Meine Fragen bleiben ohne Antwort, bis sie eher beiläufig von einem Unfall berichtet, den sie auf dem Weg zur Therapie in der Nähe eines Gymnasiums miterlebte. Nach mehrmaligem Nachfragen berichtet sie nun aufgeregt, dass mehrere Autos ineinander gefahren seien. Sie vermutet, dass die Fahrer und Beifahrer Schüler gewesen seien: »Ihre Hefte und Schulmappen lagen verstreut um die kaputten Autos herum. Mehrere Schüler waren schwer verwundet und lagen wie tot da.« Ich werde nun unruhig und bekomme Angst, weil ich mich um meinen Sohn sorge, der diese Schule besucht und zur Mittagszeit häufig mit Freunden mit einem Auto unterwegs ist. Susanne nimmt meine Gefühle auf und erfasst jetzt die Tragweite des Geschehenen emotional. Ich mache sie auch darauf aufmerksam, wie lange es gedauert hat, bis sie mir das, was sie wirklich Schreckliches gesehen hat, mitteilen konnte. Sie meint nun traurig, dass die am Boden liegenden verunglückten Schüler sie an Kriegsopfer erinnerten. Sie habe zwar schon Tote gesehen, aber jetzt das erste Mal ganz direkt erlebt, was es bedeute, wenn ein junger Mensch auf unnatürliche Weise stirbt. »Ich wollte so etwas nicht sehen und bin schnell weggefahren. Ich hatte Angst vor der Wahrheit, Angst vor der Offenbarung.«

Als ich nachfrage, was ihr Angst mache, antwortet sie »die Trauer« und erzählt, dass die Beziehung zu ihrem ersten Freund zerbrochen sei, als sein Vater starb, weil sie damals seine Trauer nicht ertragen konnte. Sie erinnert sich nun an mehrere Freundinnen und Freunde, die sich in ihrer Trauer und ihrem Leid von ihr unverstanden fühlten: »Ich kann die Trauer nicht aushalten. Erst heute ist mir der schreckliche Tod von jungen Menschen wirklich bewusst geworden. Das Bild nach dem Unfall hat mich an eine Schießerei im Krieg erinnert. Dass Soldaten wirklich sterben, habe ich bisher abgespalten.«

Susanne berichtet nun, dass kurz vor der vorherigen Stunde ihr Hund einen Stein verschluckt habe und beinahe erstickt wäre. Auch über dieses Ereignis konnte sie mit mir damals nicht sprechen. Als ich sie nach den Ursachen des Verschweigens frage, meint sie: »Die Realität wurde bei uns verleugnet. Das Wesentliche, die Wahrheit durfte nicht sein.« Susanne teilt mir ebenfalls erst jetzt mit, dass ihr Onkel, der Bruder ihres Vaters, vor wenigen Tagen gestorben ist. Auch über diesen Todesfall wird zu Hause geschwiegen.

Die menschliche Vergänglichkeit, der Tod und die Trauer hierüber werden Susanne auf tiefer Ebene bewusst. Ihr wird erstmals im aktuellen Kontakt mit den Eltern deutlich, wie umfassend verschiedene Ereignisse verleugnet bleiben. »Es gibt über Wesentliches keine Verständigung und schon gar nicht zwischen Mann und Frau. Hier gibt es nur Verwirrung. Wenn man Mutter oder Vater etwas Wichtiges fragt, wird vernebelt und verheimlicht. Die Wahrheit und die Klarheit können meine Eltern nicht aushalten. Die Wahrheit darf nicht sein. Die Realität muss verleugnet bleiben. Das Wesentliche darf nicht gesagt werden.«

Ich möchte dieses Phänomen an einem weiteren Beispiel aufzeigen. Im Lauf der Therapie hat Susanne wiederholt betont, dass sie wie ihr Vater aussehe. Trotz meines Nachfragens, ob sie denn nicht auch Ähnlichkeiten mit der Mutter habe, wies sie das immer brüsk zurück. Als sie mir nun Fotos ihrer Eltern zeigt, konfrontiere ich sie damit, dass sie meines Erachtens auch ihrer Mutter ähnlich sehe. Sie reagiert völlig überrascht, betrachtet die Fotos noch einmal genau und bestätigt erstaunt meine Beobachtung. Seit dieser Stunde fühlt sich Susanne ihrer Mutter viel ähnlicher und erlebt sich damit weiblicher. Es ist anzunehmen, dass ich ihr unter anderem mit dieser Konfrontation einen wichtigen Schritt zur Identifikation mit der Mutter ermöglichte.

Das sind nur einige Beispiele für Hunderte von Szenen, in denen Susanne durch die Konfrontation mit der Realität und durch das konsequente Bearbeiten von Spaltungen und Verleugnungen lernt, die Wirklichkeit genauer anzuschauen. Sie wird dadurch innerlich klarer und kann sich besser orientieren.

Wenige Wochen später erleidet Susanne infolge des Terroranschlags in New York einen psychischen Einbruch. Sie träumt: »Ich bin in einem Haus, in dem eine Krankenhausatmosphäre herrscht. Ein Mann ruft mich um Hilfe. Es wird jemand umgebracht. Es geht um Verrat.« Wir bearbeiten diesen Traum, sprechen über den Mord und den Verrat. Susanne berichtet, dass sie seit dem Terroranschlag Angst habe, dass sie oder ihr Hund erschossen würde. Ich erkläre Susanne, dass sie andere wie ihren Vater als Täter erlebt und selbst mit den Opfern identifiziert ist. Die Assoziation zu dem Thema Verrat führt Susanne auch zum Verrat der Mutter an Josef. Susanne erkennt, dass auch sie selbst wie ihre Mutter mehrere Männer kurz vor der Hochzeit verlassen hat.

Bald darauf träumt sie: »Ich bin mit acht Kollegen in einer Gruppe und soll schnell einen Vortrag schreiben. Ich suche meine Brille, finde acht, nur die neueste nicht.« Susanne assoziiert, dass sie während der achtjährigen Therapie »acht Brillen« hatte, das heißt immer klarer sehen konnte, aber ihr die neueste zurzeit abhanden gekommen sei. Als ich sie nach den Ursachen hierfür frage, erzählt sie wieder von den vielen Beziehungen, die sie zerstört habe, da sie außer Verwirrung wenig gespürt habe.

Diese Verwirrung tritt in unserer therapeutischen Arbeit zwar wesentlich seltener als früher auf, zeigt sich aber, wenn Susanne überlastet ist oder ich sie mit wichtigen Deutungen konfrontiere. Susanne erlebt sich dann als völlig durcheinander, vergisst das Gesagte wieder und löscht es damit förmlich in sich aus. Ich deute diesen Mechanismus: »Die Wahrheit darf nicht sein. Sie muss ausgelöscht werden, weil sie zu bedrohlich wäre.« Susanne entschließt sich hierauf, wichtige Mitteilungen von mir sowie eigene Erkenntnisse in der Therapiestunde aufzuschreiben.

»Bei klaren Deutungen, wenn die Wahrheit angesprochen ist, bekomme ich Angst. Nach der letzten Stunde träumte ich vom KZ, von weißen, grünen Röhren. Es war alles dunkel und grau.« Ich äußere die Vermutung, dass die Eltern die Wahrheit aus Angst vor dem KZ im »Dritten Reich« verleugnen mussten und diese Angst sie auch heute noch beherrsche. Susanne meint darauf, dass sie nie sie selbst sein durfte und die Wahrheit nie aussprechen konnte.

Während dieser Phase der Therapie verschlechtert sich der Gesundheitszustand ihrer 90-jährigen Tante, der Schwester des Vaters, drastisch. Sie hat Magenkrebs, kann nichts mehr zu sich nehmen und wird deshalb operiert. Sie übersteht die Operation, ist aber in einem lebensbedrohlichen Zustand. Gleichzeitig stirbt plötzlich und unerwartet der Bruder von Susannes Vater. Aber weder über die Krankheit der Schwester noch über den Tod des Bruders spricht der Vater. Das Tabu, über Lebensbedrohliches zu reden und Trauer zu zeigen, lastet auf den Eltern. Als ich über diese Mitteilungen erschüttert bin, ist Susanne völlig irritiert, weil ihre Eltern die Trauer über Krankheit und Tod selbst von nahen Angehörigen immer verleugneten.

In Susanne beginnt nun ein Trauerprozess. Sie wird innerlich klarer und in unseren Stunden entstehen erstmals mehr Raum und Zeit.

Wenige Wochen später träumt sie: »Ich habe mit Leuten gesprochen und eine Dame kennen gelernt, die mich in ein Konzert eingeladen hat. Sie zeigte mir anschließend in ihrem Palazzo eine Wohnung. Die Atmosphäre war bunt, rot und golden. Die Wohnung war lichtdurchflutet, es war Sommer. Es gab dort auch eine Couch. Ich legte mich drauf und war dann halb in der Sonne und halb im Schatten. Der Palazzo war umgeben von einem großen, wilden Garten. Die Dame bot mir an, bei ihr zu wohnen. Ich fragte, ob ich meinen Hund mitbringen kann und ob man den Garten teilen kann. Sie meinte hierauf: ›Das wird schon gehen, wir müssen es besprechen.‹« Susanne ist von dem großen, bunten Haus begeistert, ihr gefallen die verschiedenen Räume, die warmen, goldenen und roten Farben sowie der Garten. Sie meint, dass ich die Dame sei, die ihr das Haus gezeigt habe. Ich

deute, dass sie hier auf der Couch ihre Sonnen- und Schattenseiten integriert habe. Nun könne sie verschiedene Räume besetzen, sei fähiger zum Dialog und könne Grenzen besser akzeptie-
ren.

Susanne erzählt, dass sie seit ein paar Wochen sowohl mit ihrer Mutter als auch mit anderen viel besser sprechen könne. Früher habe sie vor allem ihre eigene Verwirrung gespürt, zu ihren
Gefühlen wie Schmerz und Trauer habe sie kaum Zugang gehabt. Es komme ihr vor, als wenn sie nun die gleiche Sprache wie
andere spreche.

Gegen Ende der Therapie träumt Susanne, dass sie nun tatsächlich acht Brillen besitzt. Sie assoziiert dazu, dass sie gewissermaßen in jedem Jahr der Therapie eine neue Brille bekommen habe, mit der sie immer etwas besser sehen konnte. Nun
habe sie die letzte Brille gefunden und habe damit klare Sicht für
die Realität. Sie bedankt sich hierfür und symbolisiert dieses
»Klarsehen« mit ihrem Abschiedsgeschenk für mich – einem
Seidentuch mit großen Augen.

Die Therapie dauerte acht Jahre. Susanne hat schon lange kei-
nen Unfall mehr gehabt und ist nicht mehr suizidgefährdet. Ihre
Freundschaften zu Frauen sind jetzt stabiler; in Beziehungen zu
Männern fühlt sie sich allerdings nach wie vor unsicher.

Das Wesentliche darf nicht gesagt werden

Auch in Susannes Lebensgeschichte zeigt sich deutlich die Verwobenheit mit den Traumata der Eltern. Susannes Mutter verlor
in jungen Jahren den geliebten Verlobten, zwei weitere Freunde
und ihre beiden Brüder, die an der Front fielen. Die Beziehung
zu Josef, ihrem jüdischen Freund, brach Susannes Mutter zur
Zeit der Judenverfolgung abrupt ab. Das gemeinsame Kind wurde möglicherweise abgetrieben. So erlebte diese junge Frau mehrere traumatische Verluste.

Susannes Eltern heirateten 1941. Die ersten Ehejahre verbrachten sie weitgehend getrennt. Susannes Vater war im Krieg.
Er erlitt zahlreiche Unfälle, mehrere Knochenbrüche, Schussver-

letzungen sowie eine Kopfverletzung und hatte seither Amnesien und Verwirrtheitszustände; seine Persönlichkeit veränderte sich völlig. Er war deshalb lange arbeitsunfähig. Hier wiederholte sich bei Susannes Mutter ein Kindheitstrauma, denn ihr Vater wurde im Ersten Weltkrieg durch einen Lungendurchschuss schwer verwundet und war infolgedessen arbeitsunfähig.

Über all das wurde wie in vielen Familien nicht gesprochen. Die Tabus, die im »Dritten Reich« möglicherweise lebensrettend waren, wie »Du darfst nicht hinschauen. Du darfst nicht fragen. Du darfst dich nicht informieren. Du musst schweigen. Du musst vergessen. Die Realität existiert nicht«, wurden in der Nachkriegszeit aufrechterhalten und an die Tochter weitergegeben. Diese verwirrende Atmosphäre zeigt sich bereits in Susannes erstem Traum, in welchem sie einen Hut über den Kopf gestülpt hat und nichts sieht. Hierin spiegelt sich die familiäre Situation. Susannes Eltern können sich weder mit ihrer Vergangenheit noch mit ihrer aktuellen Realität auseinander setzen. Sie sind wie blind und haben in vielen Bereichen wirklich die Orientierung verloren. Susanne lebt in dem vernebelten Wahrnehmungssystem der Eltern.

Susannes Vater machte als Scharfschütze im Krieg Karriere. Dann wurde er mehrmals schwer verwundet, seine Werte und seine Ideale zerbrachen. Körperlich und seelisch zerrüttet, war er nicht mehr fähig, sich mit seiner Vergangenheit, seiner Schuld, Scham und Enttäuschung auseinander zu setzen. Er verzerrte diesen Lebensabschnitt, sprach von einem Verteidigungskrieg und betonte seine sportlichen Leistungen.

Susanne wiederholt mit ihren Unfällen das »zerbrochene« Leben der Eltern sowie die Schicksale der ehemaligen Freunde der Mutter, ihres Onkels und ihres Großvaters.

Susanne unternimmt zu Therapiebeginn eine mehrwöchige Fernreise und inszeniert so ihre eigenen frühen Trennungen sowie den Abschied der Männer ihrer Mutter. Ihr Geburtstag und der Todestag von Arnim, dem verunglückten Piloten, sind am gleichen Tag. Viele Jahre lang macht sie ein paar Wochen vor ihrem Geburtstag eine große Flugreise. Auch in ihren Beziehungen zu Männern wiederholt sie die traumatischen Verluste der

Mutter. Wie bei ihrer Mutter sind Susannes Beziehungen zu Männern geprägt von Verwirrung und zerbrechen wie bei der Mutter mehrmals kurz vor der Hochzeit.

Die Konflikte der Eltern spiegeln sich in vielen Träumen von Susanne wider. Einige Traumszenen seien hier noch einmal in Erinnerung gerufen: Der Vulkan, in dem Steintrümmer herumwirbeln und alles einstürzt, versinnbildlicht Susannes innere Welt, die von den Kriegen geprägt ist. Äußerlich und innerlich ist durch die beiden Weltkriege in den Eltern und Großeltern viel zusammengebrochen. Die zwei leeren Särge, die sie mit ihrem Vater besucht, sind Metaphern für die unbetrauerten, »unbekannten« Toten in dieser Familie, die Kriegsopfer, die unbetrauerten Männer der Mutter und das Kind von Josef. Sie symbolisieren auch die innere Leere der Eltern und damit die Leere in Susanne. Susannes Traum vom Vater, der ohne Gesicht und Hände mit einem vergifteten Hund zur Therapie kommt, drückt die Schuldthematik des Vaters aus. »Er hat sein Gesicht verloren«, ist ohne Hände, handlungsunfähig. Sein Hund ist vergiftet, das heißt, ein Teil von ihm ist zerstört. Auch ihre Träume von Kriegslagern, Konzentrationslagern, von Verrat, Mord und Leichen symbolisieren die Kriegszeit sowie ihr inneres Vaterbild, das ihre Beziehungen zu Männern prägt. Der Traum von der hochschwangeren Frau, der mit einem Säbel in den Bauch gestochen wurde, stellt die traumatische Trennung von Josef und ihrer Mutter sowie den Verlust des gemeinsamen Kindes dar. Diese Deutung verhilft Susanne zu einem Gefühl der Befreiung, zur Erweiterung ihres Horizonts. Die Bearbeitung dieses Traums war ganz wesentlich: Sie nimmt Susanne ihre Überlebensschuld!

In vielen Gesprächen mit den Eltern und in mühsamen, jahrelangen Klärungsprozessen im psychoanalytischen Dialog kann Susanne die Lebenssituation der Eltern immer mehr von ihrer eigenen trennen und ihren Weg gehen. Sie träumt von Schuhen, die sie findet, von einem Morast, den sie durchquert, schließlich von einer neuen Welt. Sie verlässt die innere Welt der Eltern und findet ihre eigene. Gegen Ende der Therapie träumt Susanne von einem Palazzo, den ihr eine Frau zeigt. Er ist ein Symbol für ihr eigenes Selbst, ihre farbige, lebendige innere Welt.

Auch unsere therapeutische Beziehung ist von Anfang an von Verwirrungen und Verschleierungen geprägt. Ich weiß häufig nicht, was Susanne mir mitteilen will, weil ihre Aussagen unklar sind. Auch Susanne versteht mich oft nicht. Besonders wenn ich sie mit wesentlichen Deutungen konfrontiere oder ihr etwas Wichtiges mitteile, entstehen in ihr Verwirrung, »Nebel« und Schwindelgefühle. Die Ursache für diese Verwirrungen sehe ich unter anderem in den familiären Tabus wie: »Du darfst nicht hinschauen. Das Wesentliche darf nicht gesagt werden.« Die Wahrheit darf nicht ausgesprochen werden. Konflikte werden vernebelt. Die familiären Traumata werden verleugnet und eine heile Welt wird vorgespielt. Die elterlichen Tabus blockieren manchmal auch mich, so dass ich wesentliche Teile von Susannes Lebensgeschichte sowie der Therapiestunden »vergesse«. Vieles geht also auch mir wiederholt innerlich verloren, anderes bleibt unklar. Die völlige Abspaltung der Wahrheit kommt zum Beispiel in der Szene mit den bei einem Autounfall verunglückten Schülern zum Ausdruck. Wir bearbeiten die elterlichen Tabus und graben zusammen nach der Wahrheit. Während der Therapie werden viele Verwirrungen durch Susannes innere Bilder, durch Träume und die Rekonstruktion der Lebensgeschichte der Eltern offenbar. Besonders in dem Mythos des Minotaurus wie auch in dem Märchen »Rapunzel« verdeutlicht sich, wie die Grenzüberschreitung der Eltern zum Fluch der Nachkommen wird. Susanne wird von ihrer Mutter häufig sogar »Rapunzel« genannt. Auch Rapunzels eigene Identität ist durch die Tabuüberschreitung der Eltern ausgelöscht, so dass sie den Namen »Rapunzel« des verbotenen Krauts, das heißt der traumatischen Szene, trägt. Eine Hilfe für Susanne ist das Aufschreiben der Erkenntnisse während der Stunden.

Die Verleugnung der Realität hindert Susanne lange daran, sich mit ihrem realen Vater und ihrer realen Mutter auseinander zu setzen. Die Mutter bezeichnet sie zu Therapiebeginn als ihre beste Freundin, paradoxerweise auch als ihren »älteren Abklatsch«, ihren Vater als Sportskameraden. Susanne ist durch diese verzerrten Vater- und Mutterbilder verunsichert. Lange erlebt sie sich selbst als gesichtslos, ohne eigene Identität.

Hier zeigt sich besonders deutlich, wie die Traumata der Eltern durch projektive Identifikation in Susanne eindringen, zu
ihrer inneren Verwirrung führen und die Entfaltung ihrer eigenen Identität verhindern.

Susanne entwickelt während der Therapie immer mehr die
Fähigkeit, Verborgenes, Nonverbales zu erfassen, zu symbolisieren und im Dialog zu dekodieren. Das erlebe ich häufig auch in
unserer Beziehung. Es zeigt sich zum Beispiel in ihren Geschen-
ken. An meinem Geburtstag bringt sie mir meist meine Lieb-
lingsblumen. Eine besondere Bedeutung hat für mich der Karneol, ein Halbedelstein, den sie mir geschenkt hat, da er das
Symbol für die ewige Wiedergeburt ist.

Susannes Intuition, ihre Fähigkeit, Wesentliches vom anderen
zu erfassen, darzustellen und zu dekodieren, wachsen im therapeutischen Prozess. Das Sprechen hierüber macht Susanne sicherer. Auch meine Fähigkeit, Susanne Halt zu geben, ihr eine
Struktur und einen sicheren Rahmen für ihre Entwicklung zu
ermöglichen, ist für den Behandlungserfolg entscheidend.

■ Die unheilbare Wunde

Lucia bekam meine Adresse von einem Psychoanalytiker. Sie fühlte sich bei ihm und in seinem Raum nicht geborgen und bat ihn,
ihr eine Therapeutin zu empfehlen. Er riet ihr, mich aufzusuchen.

Lucia ist 50 Jahre alt, zierlich und wirkt mädchenhaft. Ihre
langen, blonden Haare trägt sie offen. Mit ihren großen Augen
schaut sie mich Hilfe suchend an. Ihr Gesicht ist von Schicksal
und Krankheit gezeichnet. »Ich gehe völlig unmenschlich mit
mir um und fühle mich wie eingefroren«, klagt sie und beschreibt ihre körperlichen und seelischen Leiden. Ihr Körper,
insbesondere ihre Schultern und ihr Rücken, seien völlig angespannt. Manchmal sei sie so verkrampft, dass sie Atembeschwerden habe. Mehrmals habe sie Regenbogenhautentzündungen
und Sehstörungen gehabt, so dass sie fürchte, das Augenlicht zu
verlieren. Außerdem leide sie unter chronischen Magenschmerzen. Trotzdem ernähre sie sich ungesund und könne auch auf

Alkohol nicht verzichten. »Meine Haut, meine Zähne, meinen Magen, alles habe ich mit meiner Selbstdestruktion zerstört. Ich bin völlig ausgemergelt«, stellt sie resignierend fest.

Lucia ist Ärztin für Homöopathie und Psychotherapeutin. Trotz ihrer körperlichen Beschwerden arbeitet sie täglich bis zur Erschöpfung. Am Wochenende und in den Ferien gibt sie häufig Kurse und Seminare, unter anderem über Paartherapie und Meditation, oder sie bildet sich weiter. Zwanghaft getrieben, arbeitet sie ohne Pause und ohne Urlaub.

Lucia leidet unter vielen Zwängen. Diese äußern sich darin, dass sie, bevor sie aus dem Haus geht, mehrmals nachschauen muss, ob alle Lichter und der Ofen ausgeschaltet sind und keine Kerzen brennen. Außerdem kontrolliert sie oft, ob alles abgesperrt ist. Besonders wenn ihr Mann beruflich unterwegs ist, verschanzt sie sich hinter Barrikaden und verschließt alle Türen. Die Ursache für diese Zwänge sieht sie in ihren Ängsten. Sie hat Angst, allein zu sein, Angst, das Haus könne Feuer fangen, Angst vor dem Dunkeln, Angst, dass jemand in ihr Haus eindringt, sie vergewaltigt und umbringt. Sie hat Angst, sich völlig zu verlieren. Weiter berichtet sie, dass sie nicht nur mit sich zwanghaft und unmenschlich umgehe, sondern auch mit ihrem Mann und mit ihren Töchtern. Auch diese kontrolliere sie. In Krisen und unter Stress habe sie schreckliche Aggressionsdurchbrüche. Wütend schreie sie ihre Töchter und ihren Mann an. Sie drohe ihnen, bald zu sterben, und beschreibe dann ihren Tod, wie es sein werde, wenn sie gestorben sei, und verbiete ihrer Familie – wie ihre Mutter das auch tat –, ihr Grab zu besuchen. Aufgrund all dieser Belastungen habe sie den Wunsch, dass ihr jemand »wie einem Hund den Gnadenschuss gibt«, denn sie komme sich vor wie in dem Roman »Hunde, wollt ihr ewig leben«. (Der Roman von Fritz Wöss, 1958, hat die Schlacht um Stalingrad zum Thema.)

Eine ganz tiefe Wunde

Folgender Traum, den sie kurz vor Therapiebeginn hatte, beschreibe am besten ihren inneren Zustand, meint Lucia. »Da ist ein kleiner, tapferer, schlanker, etwa vierjähriger Junge. Er ist zu groß für sein Alter, weil zu viel an ihm herumgezupft wurde, damit er schneller wächst. Er hat eine ganz tiefe Wunde, die ihm schon sehr früh zugefügt wurde. Sie ist wie ein großes Loch in seinem Bauch. Er selbst und seine Familie gehen darüber hinweg und beachten es nicht.« Nach einer langen Pause fährt Lucia traurig fort: »Der Junge bin ich. Ich bin tief verwundet. Das Loch müsste endlich heilen. Die Heilung wird viel Zeit brauchen.«

Lucia suchte bereits viele Therapeuten auf, von denen sie sich Hilfe erhoffte. Als Studentin machte sie wegen ihrer Prüfungsängste eine Verhaltenstherapie, dann begann sie eine Psychoanalyse. Diese scheiterte, da sie sich mit dem Therapeuten nicht verständigen konnte und ihn gefühlsmäßig nicht erreichte. Sie machte anschließend eine Gesprächstherapie, mehrere Körpertherapien und arbeitete mit einer Familientherapeutin. Seit einigen Jahren befasst sie sich auch mit spirituellen Richtungen und Meditation. Trotz all ihrer intensiven Bemühungen geht es ihr weder körperlich noch seelisch besser. Auch ihre anstrengende Lebenssituation ist unverändert. »Nun hoffe ich, dass ich mich mit Hilfe der Psychoanalyse tiefer verstehe, dadurch aus meinen Stressmustern herauskomme und mein Leben verändern kann.«

Die Waffe und der Terror waren jederzeit greifbar

Lucia erzählt ihre Familiengeschichte. Ihre Eltern stammen beide aus Ostpreußen. Ihr Vater wurde sehr streng erzogen, zum Beispiel als Kind mit 100 Stockschlägen auf den nackten Po geschlagen. Er war Leistungssportler, später überzeugter Nationalsozialist und wollte im Krieg als Offizier Karriere machen. In Russland wurde er so schwer verletzt, dass sein linkes Bein amputiert werden musste. Trotzdem hielt er an seinen »Naziidealen« bis zu seinem Tod fest. Er hatte ein entwertendes Menschenbild, war krankhaft eifersüchtig, sadistisch, cholerisch und litt unter Wahnvorstellungen, weshalb seine erste Ehe scheiterte. Die Scheidung und der Verlust von Frau und Kind waren für ihn unsagbar schwer, da er beide »vergötterte«.

Auch das Leben von Lucias Mutter wurde früh erschüttert. Sie verliebte sich als junges Mädchen in Simon, einen jüdischen deutschen Arzt, der mit seinen Eltern, seiner Schwester Dora und deren Mann im selben Haus wohnte. Lucias Mutter erlebte damals, wie SS-Männer in die Wohnung der jüdischen Familie eindrangen, randalierten und Dora so in den Bauch traten, dass sie ihr Kind im sechsten Schwangerschaftsmonat verlor. Lucias Großeltern mütterlicherseits sowie ihre Mutter verhalfen Simon, Dora und ihrem Mann zur Flucht. Sie gaben ihr Erspartes den jüdischen Freunden und brachten sie in einer »Nachtaktion« nach Holland. Von dort wanderte die Familie nach Amerika aus. Für die Eltern reichte das Geld nicht. Sie wurden in ein KZ verschleppt und kamen dort ums Leben. Während des Kriegs arbeitete Lucias Mutter als Krankenschwester und war eine der letzten, die Stalingrad mit einem Flugzeug verließen. Obwohl Simon ihr häufig schrieb und sie bat, nach Amerika zu kommen, entschloss sie sich wegen ihrer Eltern, in Deutschland zu bleiben. Trotzdem blieb er zeitlebens ihre heimliche, große Liebe.

Lucias Eltern lernten sich über eine Heiratsvermittlung kennen. Diese Ehe schildert Lucia als Notgemeinschaft. »Es gab keine Liebe, viel Spannungen, sehr harte Streitigkeiten, Demütigungen, bedrohliche Situationen und körperliche sowie seelische Misshandlungen.« Eine Ursache für die vielen Streitigkeiten sieht Lucia in den Wahnvorstellungen ihres Vaters begründet. Er litt zum Beispiel unter einem »extrem starken Eifersuchtswahn« und unterstellte auch seiner zweiten Frau, ihn zu betrügen.

Lucias Mutter hatte im sechsten Schwangerschaftsmonat eine Fehlgeburt. Bald darauf wurde sie wieder schwanger und gebar Lucia. Die sozialen Verhältnisse waren extrem schwierig. Als Heimatvertriebene wurde die Familie »zwangsuntergebracht«, das heißt, sie lebte bei einer Familie in einem kleinen Zimmer, das sie als Flüchtlinge zugewiesen bekamen. »Wir lebten mit anderen Flüchtlingen völlig beengt in stressigen und armen Verhältnissen. Mein Vater arbeitete ein paar Jahre bei der Polizei und war dann Frührentner. Er war sehr geizig und gab zu Hause von seinem Verdienst kaum etwas ab. Deshalb machte meine Mutter Heimarbeit und arbeitete als Nachtschwester. Das Geld reichte kaum zum Überleben. Schon als Baby bin ich halb verhungert, denn meine Mutter war unterernährt, lehnte mich ab und konnte mich nicht stillen. Ich schrie viel, war voller Spannungen und nicht zu beruhigen. Diese psychische Belastungssituation sowie die sozialen und finanziellen Probleme verschärften sich, als meine ältere Schwester Christa aus der ersten Ehe meines Vaters und eine Nichte zu uns zogen«, klagt Lucia. Bald kam Andrea, Lucias Schwester, zur Welt. Die Familie bezog ein kleines Haus auf dem Land. »Nun war ich wie auf einer Festung und lebte isoliert von der Dorfgemeinschaft, da der Vater jeden Kontakt nach außen verbot. Meine Mutter nahm Psychopharmaka, vor allem Valium und Schlafmittel, um alles durchzustehen, und war gefühlsmäßig deshalb nie da. Sie war immer gestresst und schrie viel herum. Mein Vater konnte seine körperlichen Verwundungen, den Verlust der Heimat, den Zusammenbruch seiner Ideale und die Trennungen von seinen wichtigsten Bezugspersonen nicht verschmerzen. Er verschanzte sich in eine wahnhafte Welt. Die Leute im Dorf und seine Frau wie auch Andrea bezeichnete er als dumme, ungebildete, primitive, unwerte Inzestprodukte.« Lucia dagegen idealisierte er zeitweise. Sie war dann die Vatertochter, die seinen Idealen entsprach, wurde aber fallen gelassen, wenn sie seinen Erwartungen nicht gerecht wurde.

Lucia und ihre Schwester wurden viel allein gelassen und häufig sadistisch behandelt. »Mit halb erfrorenen Händen mussten wir zum Beispiel im Winter Rosenkohl pflücken und im Frühjahr Tausende von Tannen pflanzen«, berichtet Lucia. Die häusliche Atmosphäre schildert sie als bedrohlich: »Mein Vater hatte bissige Hunde im Zwinger. Er war Jäger, überall standen geladene Gewehre herum. Die Waffe und der Terror waren jederzeit greifbar. Das Blut ist in meinen Adern gefroren.« Seelische Einsamkeit, sadistische Übergriffe des Vaters, eskalierende und demütigende Streitigkeiten zwischen den Eltern, Ablehnungen und Misshandlungen prägten das Familienleben. »Einmal kam es sogar zu einer Schießerei. Ich war damals zehn Jahre alt. Meine Mutter verbarrikadierte sich wegen des Eifersuchtswahns meines Vaters bei uns im Kinderzimmer. Vater schlug dann mit seinen Krücken die halbe Nacht gegen die Tür und bettelte, ich solle ihm aufmachen. Morgens ging Mutter in die Küche. Dort bedrohte Vater sie mit seinem Gewehr. Es kam zu einer körperlichen Auseinandersetzung. Mutter entriss Vater das Gewehr, dabei löste sich ein Schuss und traf seine Brust. Blutspritzer an der Wand und Einschüsse erinnerten jahrelang an dieses Familiendrama.«

Kurz darauf wurde Lucia von den Eltern mit ihrer Schwester in ein Kinderheim verschickt. Dort sei sie von sadistischen Nonnen betreut worden. Sie durfte zum Beispiel nach 19 Uhr nicht mehr auf die Toilette gehen, nässte deshalb nachts ein und wurde dafür bestraft und gedemütigt.

Lucia reagierte auf diese Traumata mit extremen Ängsten, Schlafstörungen und Spannungszuständen. Als sie 15 Jahre alt war, starb ihr Vater plötzlich und unerwartet an einem Herzinfarkt.

Trotz all dieser familiären Belastungen bewältigte Lucia das Abitur ohne Probleme und studierte Medizin. Während des Studiums hatte sie einen Unfall, bei dem sie sich mehrfach das linke Bein brach. Wegen einer Knocheneiterung hätte es beinahe – wie beim Vater – amputiert werden müssen. Ihr Examen legte sie trotz vieler Ängste erfolgreich ab, machte dann mehrere Aus- und Fortbildungen und arbeitet nun seit vielen Jahren in ihrer eigenen Praxis.

Lucia ist seit 20 Jahren mit einem beruflich erfolgreichen Mann verheiratet, den sie als tüchtig, unterstützend und liebevoll schildert. Ihre Ehe bezeichnet sie als gut. Sie hat zwei Töchter. Diese sind 15 und 19 Jahre alt und leben zu Hause.

Bereits bei den ersten Begegnungen imponiert mir Lucia: Tapfer geht sie ihren Weg. Mit viel Energie bemüht sie sich, gesund zu werden. Gleichzeitig versucht sie bis zur Erschöpfung, ihre Patienten zu versorgen. Sie unterstützt ihren Mann und ihre Kinder, wo sie kann, und ist ständig unter Stress und großem Druck. Mich beeindrucken ihre Ehrlichkeit und ihre Offenheit, mit der sie über ihre dramatische Familiengeschichte, über ihre Aggressionen ihren Kindern und ihrem Mann gegenüber sowie ihre zahlreichen Störungen spricht. Besonders ihr Traum von dem verwundeten Jungen berührt mich. Lucias Vater wollte einen Sohn. Der enorme Leistungsdruck des Vaters verhinderte, dass sie sich kindgemäß entwickeln konnte. »Der kleine Junge ist zu groß für sein Alter.« Die tiefe, unheilbare Wunde symbolisiert ihre frühen Traumatisierungen. Sie ist in ihrer Mitte, in ihrer Weiblichkeit verletzt, da sie von ihrem Vater missbraucht wurde und ihre Mutter meist unerreichbar war. Auch Lucias Vater war verwundet. Als Kind mit 100 Stockschlägen gezüchtigt, verlor er später Heimat und Familie. Sein Bein musste amputiert werden. Diese Wunden sind bis zu seinem Tod nicht geheilt. Ich denke auch an das tragische Schicksal von Lucias Mutter, deren Liebesbeziehung zu Simon zerbrach, und an ihre jüdische Freundin Dora, Simons Schwester, deren Kind noch ungeboren von einem SS-Offizier getötet wurde und deren Eltern vergast wurden.

In diesem ersten Traumbild zeigt sich, wie verschiedene traumatische Schicksale mehrerer Generationen in Lucias innerem Erleben verdichtet sind.

Besorgt frage ich mich: Werden diese Wunden durch eine Analyse heilen? Wie wird sich unsere therapeutische Beziehung entwickeln? Wird Lucia wieder abbrechen und enttäuscht den nächsten Therapeuten aufsuchen? Haben wir eine Chance, zusammen ihre Traumatisierungen und die ihrer Eltern zu verstehen und zu bearbeiten?

Ich bin ganz allein in einer grauen Welt

Lucia beginnt ihre erste Therapiestunde mit dem Traum von dem Jungen mit der großen Wunde und sagt dann: »Ich träume oft von einer grauen Welt, in der ich ganz allein bin. Dort gibt es Stress, keine Heimat und viele Urviecher, die unterwegs sind. Sie suchen auch ihre Heimat. Es handelt sich um eine ganz alte, urige Rasse. Ich suche, renne herum und treffe dabei Tiere, die wie Auerochsen ausschauen. In einem Gestrüpp hat sich ein embryoartiges Tier verhängt. Es ist allein übrig geblieben. Mir wurde dieses Embryo anvertraut, ich soll mich darum kümmern.« Nach einer Pause fährt Lucia fort: »So wie dieser Traum war mein Leben: viel Stress, keine Heimat, nur unterwegs, Einsamkeit. Ich komme mir manchmal vor, als ob ich nur Augen hätte. Ich bin erstarrt, innerlich tot. Ich glaube, dass auch mein Vater innerlich tot war. Seine Seele war gebrochen. Er wurde schon ab dem vierten Lebensjahr von seinem Vater mit einem Stock geschlagen. Er war auch als Nazi innerlich tot. Manchmal fühle ich mich, wie wenn ich wie Vater geschlagen worden und in einem Arbeitslager wäre. Ich funktioniere, renne herum und schufte mich zu Tode, wie von Aufsehern getrieben. Mein Vater hat mir den Zugang zu meiner Mutter völlig versperrt. Er suggerierte mir, dass ich ›seine‹ Tochter und etwas Besseres bin. Deshalb war ich ganz allein, isoliert wie dieses embryoartige Tier. Eigentlich sollte ich in diesem Traum zu den Urviechern gehen, zum verheißungsvollen Land. Ich ging aber nicht meinen Weg, sondern den Weg meines Vaters, einsam und getrieben.«

Lucia erlebt sich in diesem Traum als Embryo, der von den Eltern ungeschützt und einsam in einer kalten, bedrohlichen Welt zurückgelassen wurde. Sie sieht sich auch als Mutter, die sich nun um diesen Embryo kümmern will. Lucia berichtet, dass während ihrer zwei Schwangerschaften Blutungen auftraten, im sechsten Monat eine Fehlgeburt drohte und dass ihre Mutter im sechsten Schwangerschaftsmonat eine Fehlgeburt hatte. Ich weise darauf hin, dass mit der »alten Rasse« in diesem Traum die Juden symbolisiert sein könnten. Sie sind auch heimatlos und konnten im »Dritten Reich« ihre Kinder vor Verfolgung, Misshandlungen und dem Tod nicht schützen. Ich beleuchte die schicksalhaften Verwobenheiten von Lucia, ihrer Mutter sowie der jüdischen Freundin Dora und deute, dass Lucia infolge ihrer wiederholten Therapieabbrüche auch wie die Juden heimatlos bleibt. Ich ergänze, dass auch ihr Vater auf der Flucht durch Russland und später, als er seine Heimat und seine erste Familie verlor, einsam war. Lucia erzählt nun, dass sie fast täglich für die Kriegsopfer in Russland und die ermordeten Juden bete.

Lucia ist wie der schutzlose Embryo, der bei mir einen warmen, bergenden Raum gefunden hat. Ich erlebe sie oft wie ein wundes Tier, dem ich Schutz und Wärme spenden möchte. Dies ist allerdings schwierig, weil Lucia mich häufig sehr verletzend erlebt. Meine Äußerungen empfindet sie oft kränkend. Manchmal wirft sie mir vor, dass ich sie nicht begreife oder ihr etwas unterstelle. Sie verzerrt meine Aussagen, reißt sie aus dem Zusammenhang und wirft mir wiederholt vor, dass ich sie wieder nicht verstanden habe. Sogar nach Stunden, die ich nah und harmonisch erlebe und nach denen sie sich dankbar verabschiedet, fühlt sie sich wieder allein und unerkannt. Sie ärgert sich, dass ich sie »runtermache« und vorwurfsvoll sei. Die angespannte Atmosphäre zwischen uns, die Missverständnisse und der Ärger sind belastend und anstrengend. Ich fühle mich von Lucia oft nicht wahrgenommen und entwertet. Durch ihr Verhalten löst sie in mir Anspannung, Ärger und Hilflosigkeit aus, Gefühle, die sie selbst als Kind und Jugendliche hatte. Wiederholt mache ich mir um Lucia Sorgen und befürchte, dass sie die Therapie abbricht.

Ich versuche, Lucias innere Welt zu verstehen. Ich deute, dass sie mich wie den Vater erlebt, mit dem sie sich nicht verständigen konnte. Wenn unsere Beziehung von der abwesenden Mutter überschattet wird, die sie nicht erreichen konnte, konfrontiere ich sie damit. So stelle ich meine Sicht der Dinge neben die ihre, ohne sie dabei zu kritisieren oder zu bewerten. Dadurch können wir viele Missverständnisse klären. Das hilft ihr viele Monate. Trotzdem bricht ihre bedrohliche innere Welt immer wieder durch. Dann fühlt sie sich erneut angegriffen und ist wütend. Die therapeutische Arbeit erfordert von uns beiden viel Geduld und die Fähigkeit, verzeihen zu können. Insbesondere das konsequente Deuten von Situationen, in denen sie mich wie ihren Vater erlebt, sowie das Bearbeiten der Identifikation mit dem Vater retten immer wieder unsere Beziehung. Lucia erkennt, wie sie die zerstörerischen Beziehungsmuster ihres Vaters mit mir, ihrem Mann und ihren Töchtern wiederholt. Häufige Unterbrechungen und Stundenverschiebungen infolge ihrer Fortbildungen belasten zusätzlich unsere Beziehung. In diesem Chaos fühle ich mich als Person und Therapeutin nicht wahrgenommen und wertgeschätzt. »Sie lassen mich viel alleine, wie Sie als Kind von Ihren Eltern oft allein gelassen wurden. Sie übergehen mich, wie Sie vom Vater übergangen wurden«, erkläre ich ihr die Zusammenhänge.

Nachdem Lucia viele Stunden lang ihren Ärger über ihre Töchter, ihren Mann und mich sowie ihre Probleme in der Arbeit bei mir »abgeladen« hat, betont sie, wie wichtig es ihr sei, mir alles sagen zu können. Sie äußert die Hoffnung, dass »irgendwann alles bei mir zusammenfließen wird«.

Ich sah in der Ferne sauberes Wasser

Folgender Traum veranschaulicht unsere therapeutische Beziehung in dieser Behandlungsphase: »Ich bin geschwommen. Es war ekelhaft. Überall gab es Schrott. Alles war trostlos. Nicht einmal die Sonne schien. Ich bin dann zu einer tristen Ortschaft gekommen. Die Luftmatratze hat mich getragen und ich hatte plötzlich viel Auftrieb. Es war jemand dabei. Ich hatte mehrere Hindernisse zu überwinden, eine Holzlatte mit Nägeln und eine Eisenschiene. Ich sah aber in der Ferne sauberes Wasser.« Der Schrott, die Trostlosigkeit, die triste Ortschaft erinnern wieder an die Nachkriegszeit. Wir müssen in der Therapie viel klären, viele Hindernisse aus dem Weg räumen. Mit der Eisenstange und der Holzlatte mit den Nägeln verbindet Lucia die bedrohliche Beziehung zu ihrem Vater. Sie erinnert sich, dass er mehrmals übergriffig war und sie unangenehm berührte, wenn sie nachts mit ihrer Schwester bei ihm im Ehebett schlief und ihre Mutter im Nachtdienst war. Sie hatte deshalb viel Angst, was durch die Abwesenheit der Mutter verstärkt wurde. Im Gegensatz zu den beiden vorigen Träumen von dem verwundeten Jungen und dem Embryo hat Lucia in diesem Traum eine weiche Unterlage und eine Liegefläche. Sie ist nicht allein. Das saubere Wasser in der Ferne deutet auf ihren Wunsch hin, eine gesündere, reinere Umgebung zu finden. In diesem Traum symbolisiert Lucia auch unsere therapeutische Beziehung: »Wir sind durch unser Unbewusstes verbunden, müssen seelischen Müll überwinden und beseitigen, um Klärungsprozesse in Gang zu bringen.« Ich betone, dass sie sich nicht mehr so ausgeliefert und ungeschützt fühle und deshalb nicht mehr so leicht untergehe. Sie stimmt mir erleichtert zu und sagt, dass sie froh sei, bei mir in Therapie zu sein. Sie lerne hier zu vertrauen, beginne Kraft zu schöpfen und spüre, dass sich zwischen uns eine Halt gebende Beziehung anbahne.

Sie drückt ihre Dankbarkeit für meine Hilfe aus: »Sie haben mir geholfen, meinen Ärger zu verstehen. Sie haben mich nicht entwertet, wenn ich voll Kälte gekommen bin. Sie haben das Ihre ruhig daneben gestellt und sind dabei warmherzig und menschlich geblieben. So konnte ich meine Kälte überwinden und mich spüren. Ich bin froh, bei Ihnen gelandet zu sein.«

Lucia erinnert sich nun wieder an viele Erlebnisse, in denen sie sich mit dem Vater tief verbunden fühlte, zum Beispiel wenn sie gemeinsam auf dem Hochsitz waren, zusammen Heimat- und Volkslieder sangen oder ihr Vater nachts zum Einschlafen ihre Hand hielt. »Mein Vater war meine Hand zum Überleben«, sagt Lucia häufig. Sie erzählt nun einen Tagtraum, den sie als kleines Kind wiederholt hatte: »Der Vater ist wie ein König und lebt mit mir auf einer großen Burg. Ich bin seine Prinzessin. Die anderen Dorfbewohner wohnen außerhalb der Burg, im Dunkeln unter der Erde gefangen, wie in einem Kerker oder in einem Gefängnis. Sie sind Inzuchtprodukte. Ich habe Mitleid mit diesen Leuten und bringe ihnen heimlich zu essen.« Nach einer kurzen Pause fügt Lucia hinzu: »Mit diesem Edelkitsch habe ich mich am Leben gehalten. Der Vater hat bis zu seinem Tod abgeleugnet, dass es KZs gab.« Lucia idealisiert in dieser kindlichen Phantasie ihren Vater als König und überhöht sich als Prinzessin und edle Helferin. Sie verleugnet ihre Mutter und ihre Schwester. In dieser Phantasie spiegelt sich das narzisstische Weltbild des Vaters und die inzestuöse Beziehung zu ihm. Nur heimlich durfte sie zu anderen Menschen im Dorf Kontakt aufnehmen. Ich konfrontiere Lucia damit, wie sie die Einstellungen des Vaters übernommen habe. Wie dieser wertet sie auch ihre Mutter als dick, ungepflegt, aggressiv, dumm und sich selbst vernachlässigend ab. Lucia erkennt die Spaltung: »Wir waren die Guten, Edlen, die anderen die Unwerten, Blöden.« Ich mache Lucia darauf aufmerksam, dass das innere Weltbild des Vaters ihre Phantasien beherrsche. Seine »unwerten«, »aggressiven« Anteile hat er abgespalten und auf seine Frau, seine Tochter Andrea und seine Umgebung projiziert, um seine eigene Brüchigkeit nicht wahrnehmen zu müssen.

Das Bewusstmachen des vom Vater delegierten inneren Mutterbilds verändert Lucias Zugang zu mir, zu Frauen und damit auch zu ihrer Mutter. Wir analysieren die verschmolzenen inneren Welten von Lucia und ihrem Vater. Mit dem stetigen Versuch, diese Welten voneinander zu trennen, entstehen allmählich neue Räume. Sie kann mich zeitweise als »gute Mutter« verinnerlichen. Hierzu schildert Lucia einen Traum: »Ich träumte von einer alten Frau, die sich für einen jungen Mann einsetzt, den sie von Herzen liebt. Sie ist mutig, runzlig, einfach, aber man kann sie als Frau spüren, und sie hat eine Verbindung zur Erde.« In diesem Traumbild symbolisiert Lucia die guten Seiten ihrer Mutter. Sie hat sich für Simon, ihren jüdischen Freund, den jungen Mann, den sie liebte, und für viele Kranke bis zur Selbstaufgabe eingesetzt. Lucia überlegt, dass sie, um ihrem Vater zu gefallen, ihre Beziehung zur Mutter und damit auch sich selbst verraten hat. Lucia berichtet, dass der Vater ihr als Kind das Rückgrat durch Schläge gebrochen habe und wünscht sich nun mich als Stütze. Als ich nachfrage, wechselt Lucia schnell das Thema und äußert den Wunsch, sich innerlich von ihrem Vater zu trennen und in Zukunft zu ihren Kindern weniger aggressiv zu sein. Der geerdeten Frau, die sie mit ihrer Mutter und mit mir verbindet, möchte sie in ihrem Inneren mehr Raum geben. Viele Stunden setzt sie sich nun mit ihrer Mutter auseinander.

Lucia träumt von einem Apfelbaum mit vielen roten Äpfeln. Diese Äpfel erinnern sie an das Gute, das sie von ihrer Mutter bekommen hat. Sie möchte sich hierfür bei ihrer Mutter bedanken, besucht sie und schenkt ihr zum 85. Geburtstag einen großen Blumenstrauß. Bei diesem Besuch erlebt Lucia eine bisher nicht gekannte Nähe und innige Verbundenheit mit der Mutter. Lucia erzählt, dass ihre Mutter an einen Rollstuhl gefesselt sei. Durch ihre »Arbeits-, Tabletten- und Fresssucht« habe sie sich Leib und Seele zerstört. Bei einem Suizidversuch stürzte sie sich von einer Treppe, verletzte sich dabei die Hüfte und das linke Bein und sitzt seither im Rollstuhl. Das Leid von Lucias Mutter berührt mich und ich freue mich über die Annäherung zwischen Mutter und Tochter. Die Versöhnung mit der Mutter führt in Lucia zu wichtigen seelischen Reifungsprozessen. Sie spürt inniges Mitgefühl für das Leid der Mutter und beschreibt, dass sich in einem tiefen inneren Prozess ihr Herz für den Schmerz geöffnet habe. Aus dieser inneren Berührtheit verfasst sie einige poetische Zeilen über das Herz mit dem Titel: »Das Lied des Herzens«.

Lucia setzt sich auch in mehreren Träumen mit dem Leid der Mutter beziehungsweise mit dem Leid, das ihr Vater den Frauen angetan hat, auseinander. Ein Beispiel: »Ich sah ein narbiges Frauengesicht, das von einem brutalen Typ wie mit Scherben zerschnitten worden war. Er war verrückt. Dieses Zerstören und Umbringen war brutal.« Nach einer Pause stellt Lucia traurig fest: »Nun schneide ich mich ins eigene Fleisch. Ich habe große Angst, fallen gelassen zu werden.« Sie erzählt von den verletzten Frauen in ihrer Familie, von ihrer behinderten Mutter, von ihrer fresssüchtigen Schwester Andrea und von ihrer Halbschwester Christa, die Alkoholikerin ist. Lucia selbst und Christa sind mehrmals gestürzt und verletzten sich dabei die Beine. Christa kann seit vielen Jahren nur mit Krücken gehen. Lucia beschreibt wieder den Suizidversuch ihrer Mutter, die Selbstzerstörung ihrer Schwestern, den zerstörerischen Umgang zwischen den Eltern, die Schießerei und die Wunden, die sich ihre Eltern gegenseitig zufügten.

Ich konfrontiere Lucia damit, dass sie nun selbst so zerstörerisch lebe wie ihre Eltern. Wiederholt spreche ich den Wunsch und die Sorge aus, dass sie liebevoller mit sich umgehe. Lucia reduziert daraufhin drastisch ihre Arbeitszeit auf 25 Wochenstunden und sucht einen Augenarzt auf. Dieser teilt ihr mit, dass sie sich schonen müsse, da durch die chronischen Augen- und Regenbogenhautentzündungen Gefahr bestehe, dass sie erblinde. Sie lässt sich nun auch von einem Internisten untersuchen. Eine Magenspiegelung zeigt, dass ihre Magenschleimhaut angegriffen ist. Sie muss Diät halten und auf Alkohol völlig verzichten. Ich bin besorgt darüber, wie krank Lucia ist.

Das Lied des Herzens

In mehreren Träumen sucht Lucia nun Ärzte auf und drückt ihren Wunsch nach Heilung aus. »Ich bin bei einem Arzt. Die Arzthelferin musste alles klären. Sie hat gesagt, dass ich missbraucht worden bin. Sie hat dann geweint und war erschüttert. Ich hätte sie am liebsten in den Arm genommen und getröstet. Dann habe ich nur noch Wut auf meinen Vater gehabt.« Nach einer Weile fährt Lucia fort: »Ich spüre nun zum ersten Mal ganz tief, was mir angetan worden ist. In mir ist viel Trauer, die bisher eingefroren war. Ich bin die Frau mit den tiefen Wunden.« Lucia weint. Sie teilt mir dankbar mit, dass sie mich so liebevoll wie die Arzthelferin erlebe. Sie identifiziert sich mit mir und kann nun ihr Leid auch selbst wahrnehmen. Sie will sich deshalb in Zukunft mehr um sich selbst sorgen. Sie entschließt sich zu einer mehrwöchigen Kur, möchte sich entgiften und ihre Ernährung umstellen. Sie beabsichtigt zudem, in regelmäßigen Meditationen und durch Körperübungen ihre Verspannungen bewusster wahrzunehmen, und will lernen, sich zu entspannen.

Diese Übungen und die Kur sind für Lucia heilsam. Sie erkennt die Heilkräfte der Natur, ernährt sich nun gesünder und trinkt deutlich weniger Alkohol. Auch ihr Gesicht wirkt sanfter. Ihr Umgang mit ihrem Mann und mit ihren Töchtern ist liebevoller. »Die Beziehung zu meinem Mann wird intensiver. Ich nehme meine eigenen Kinder viel deutlicher wahr und habe das Gefühl, dass sich mein Herz noch weiter öffnet.« Diese innere Entwicklung spiegelt sich auch in Lucias Träumen: »Ich habe geträumt, dass ich mit meinem Mann geschmust habe. Mein Herz war dabei ganz offen. Ich hatte ein Baby auf meinem Arm und wollte zu meinen Kindern. Da ist mir mein Herz aufgegangen.« Sie ist betroffen darüber, dass sich »ihr Herz öffnet«, und erzählt von einem Besuch bei einer Freundin, die ein Baby bekommen hat, was ihr nahe ging. Lucia meint, wenn man fremde Kinder so liebe wie die eigenen, gäbe es keine Kriege mehr.

Diese seelische Entwicklung und Reifung ist aber noch brüchig. In Überlastungs- und Konfliktsituationen, wie zum Beispiel bei Streit und Auseinandersetzungen mit den Töchtern, bei Abwesenheit oder Stresssituationen ihres Mannes oder Belastungen mit den eigenen Patienten, überwältigen sie wieder die alten Stressmuster.

Ich habe Todesangst und hasse meinen Vater

In dieser Zeit stirbt Lucias Mutter. Ihr Tod löst Trauer und große innere Nähe zu der Verstorbenen aus. Lucia meditiert jetzt häufig. Sie träumt: »Ich bin in einem spirituellen Training. Dort ist meine Lehrerin und hält einen Vortrag. Wir erwarten einen spirituellen Lehrer. Er befindet sich in einem totalitären System. Dort haben die Guten keine Chance. Deshalb wird er verfolgt und muss sich versteckt halten. Sie wollen ihn umbringen. Auch seine Töchter sind bedroht.« Nach einer längeren Pause fügt Lucia hinzu: »Ich habe Todesangst und hasse meinen Vater. Das Gute, das Spirituelle wird in diesem Traum wie im Dritten Reich verfolgt.« Hier zeigt sich, wie bedroht das gute innere Vater- und Mutterbild in Lucias innerer Welt ist. Der spirituelle Lehrer versteckt sich, weil er verfolgt wird. In dem totalitären System, im »Dritten Reich« waren die guten Anteile der Eltern gefährdet. Auch heute noch sind Lucias gute innere Mutter- und Vaterbilder von den abgespaltenen bösen Elternbildern bedroht. Diese Spaltung bearbeiten wir viele Monate lang. Lucia setzt sich mit den verschiedenen Aspekten ihres Vaters auseinander.

Sie träumt: »Ich werde von einer halb zerfetzten Leiche verfolgt und habe dabei die Vorstellung, dass ich diese durch Liebe erlösen kann.« Ich konfrontiere sie damit, dass sie den Tod des Vaters verleugnet. Wir verstehen nun das suchtartige, getriebene Aufsuchen von Therapeuten, Heilern und Seminaren als Wunsch, den Vater zu erlösen. Lucia stimmt zu. Sie beschäftigt sich mit den Gebrechen und dem Tod ihres Vaters. In einem weiteren Traum kommt dies ebenfalls zum Ausdruck: »Jugendliche Reiter wollen Pferde befreien und einer Reiterin geben, die gut und menschlicher damit umgeht. Ich habe Angst, entdeckt zu werden. Ich sehe einen steifen Mann reiten. Er fühlt sich ganz starr an und soll getötet werden. Er hat ein goldenes Pappherz umgehängt.« Mehrere Stunden bearbeiten wir diesen Traum. Wir sprechen über den Vater und bearbeiten die Identifikation mit ihm. Er war Rittmeister, kam als »steifer Mann«, beinamputiert, aus dem Krieg und war infolge seiner Traumata auch innerlich erstarrt. Er hat ein goldenes Pappherz umgehängt, weil er »sein Herz verloren« habe.

Lucia will mit sich selbst aber auch mit ihrem Mann liebevoller und zärtlicher umgehen, fühlt sich aber von ihrem dämonischen inneren Vater besetzt. Sie hat Sehnsucht nach einer guten Mutter beziehungsweise einer guten Therapeutin, und möchte sich von ihrem inneren »herzlosen« Vater befreien. Lucia spricht nun mehrmals detaillierter über die sadistischen Misshandlungen des Vaters. Er hat sie zum Beispiel als Kind gezwungen, von Ostern bis Ende November nur mit Kniestrümpfen in die Schule zu gehen. Mehrmals hat er sie schon als kleines Mädchen mit dem Siebenschwanz – einer Hundepeitsche – geschlagen, dabei musste sie sich mit nacktem Hintern über den Stuhl legen. Dieses Erinnern und Benennen vieler traumatischer Situationen führt bei Lucia zu einer inneren Entspannung.

Durch sanftes Suchen ein Gefäß entstehen lassen

Lucia erzählt einen Traum, der sie tief berührt: »Ich gehe auf einer schönen, saftigen, grünen Wiese. Dort sind wunderschöne Pferde. Ich werde von einem Therapeuten begleitet. Da kommt ein Pferd auf mich zu und geht sanft über mich hinweg. Ich liege auf dem Boden und habe das erste Mal in meinem Leben das Gefühl, dort ist Mutterboden. Ich träume dann von einem Baby, von einer guten Mutter und von Geborgenheit. Was mich besonders berührt, dass Mutter und Tochter sich ähnlich gesehen hatten.« Lucia ist ergriffen und von diesen neuen Gefühlen wie Geborgenheit, Nähe und Wärme berührt. Vor Freude strahlend teilt sie mir mit, dass sie das erste Mal in ihrem Leben »Mutterboden« gespürt habe. Sie schreibt mir zum Dank eine Karte und schenkt mir einen braunen Halbedelstein mit einer kleinen Schnecke. Sie bedankt sich mehrmals, weil sie in mir eine Mutter gefunden habe. Durch mich habe sie eine positive Verbindung zu ihrer Mutter entwickelt und könne nun friedlich mit ihr sein, erklärt Lucia. Sie sei glücklich, weil sie erstmals auf tiefer Ebene Vertrauen und Menschlichkeit erlebe. »Früher war mein Herz wirklich zu. Ich habe nun eine Sehnsucht, dass es sich immer weiter öffnet. In mir ist eine große Hoffnung erwacht. Ich möchte achtsamer mit mir und den Kindern umgehen«, wünscht sie sich.

Durch diese innere Öffnung gewinnt Lucia eine größere Fähigkeit zu lieben. In ihren Beziehungen zu ihren Töchtern und zu ihrem Mann ist sie einfühlsamer und damit seltener entwertend und verletzend. Das familiäre Zusammensein gestaltet sich deshalb harmonischer und entspannter. Lucia hat viel an sich gearbeitet. Sie ist reifer, hat größeres Vertrauen zu mir und äußert wiederholt Dankbarkeit über diesen Prozess. Viele körperliche und seelische Blockaden lösen sich. Sie wird förmlich von inneren Bildern überflutet. Nach einem Meditationskurs schreibt sie mehrere Texte und Gedichte und überreicht mir diese in den nächsten Stunden. »Erinnerungen aus der Kindheit«, »Der Herzschlag der Bäume«, »Durch sanftes Suchen ein Gefäß entstehen lassen«, »Mein lieber gebrochener Krieger«, »Nie wieder Krieg«, »Danke« sind einige Überschriften von den zahlreichen berührenden Texten, die Lucia in wenigen Tagen verfasst. Ihre Gedanken hat sie gleichsam aus der Seele geschrieben, »in ihrem Inneren« vernommen. Lucia erlebt diese Tage wie verzaubert. Ihr fallen viele Gedichte ein, sogar nachts wacht sie auf und schreibt sie nieder.

Lucia erzählt folgenden Traum: »Ich träumte von einem Krieger in Afrika. Er war groß und hoch gewachsen. Zum Schluss lag er zwischen den Palmen und war umgeben von acht Soldaten. Er hatte eine tiefe Wunde. Er hatte verloren und war seelisch gebrochen. Er musste den Kampf aufgeben und Demut üben.« Lucia fährt fort: »Ich gebe auf, gegen eine Welt zu kämpfen. Ich gebe auf, die Wünsche meines Vaters zu erfüllen. Er war zu fanatisch. Nun ist sein Narzissmus gebrochen. Er war wund. Dieses Gebrochensein, das absolut Wunde und seine gebrochenen Augen habe ich nicht ausgehalten. Meine Schwestern und ich sind gebrochen.«

Durch diese Trauerarbeit und die zunehmende Distanzierung von der inneren Welt des Vaters entfalten sich in Lucia kreative Prozesse. Zwei ihrer Texte möchte ich exemplarisch zitieren:

Mein lieber gebrochener Krieger
Ich fühle mit dir, mein gebrochener Krieger,
war selbst doch verirrt, geblendet von all den Liedern.
Nun, müde vom Kampf und irgendwie leer,
die alten Ideale ziehen nicht mehr,
sind tot, wenn ich wieder tiefer spüre,
angesichts meines müden Körpers all den Glanz verliere;
all die Täuschung geht raus, mir helfen die müden Knochen,
komme endlich wieder in Demut angekrochen.

Durch sanftes Suchen ein Gefäß entstehen lassen
Es geht darum, durch sanftes Suchen
wie ein Gebet ein Gefäß entstehen zu lassen,
 dass der geliebte Raum in mir sich wieder öffnet,
wo ich wieder auftanken kann, so sein, wie ich bin,
nicht streben muss, nicht bewertet, angenommen,
mit geduldiger Sanftheit liebevoll empfangen,
kann ich mich immer neu bestaunen, vertrauen,
und ganz loslassen.

Im ersten Text beschreibt Lucia, wie sie sich wie ihr Vater verirrt hat, wie sie geblendet und getäuscht wurde, und im zweiten Text, wie sie in der Therapie ihren Narzissmus und viele Illusionen überwinden konnte. Mitgefühl und Demut sind in Lucia gewachsen. Sie hat gelernt, behutsamer und liebevoller mit sich umzugehen.

Sie nimmt ihre körperlichen Beschwerden und altersbedingten Grenzen deutlicher wahr und schont sich. Ihre Arbeitszeit hat Lucia weiter reduziert. Ihre Kontrollzwänge und Angstzustände treten seltener auf. Lucia ist seelisch berührbarer, kann wieder weinen und sich ihrem Gegenüber gefühlsmäßig öffnen. Auch die Beziehungen zu ihren Töchtern haben sich weiter entspannt. Sie meditiert regelmäßig, spürt hierdurch allmählich mehr ihren Körper und wird sensibler. Mit dem Schreiben hat sie eine neue Möglichkeit gefunden, sich auszudrücken. Auch die Beziehung zu ihrem Mann gestaltet sie positiver. Sie haben viele heilsame Rituale entwickelt, miteinander liebevoller umzugehen. Sie gehen regelmäßig zusammen spazieren, führen Gespräche zur Klärung von Konflikten und verbringen mehr

Freizeit miteinander. Auch ihre sexuelle Beziehung ist wieder lebendiger. Sie ist ihrem Mann für diese positiven Veränderungen sehr dankbar. Die ältere Tochter hat inzwischen Abitur gemacht und studiert. Während Lucia früher ihren Vater idealisierte, sieht sie ihn nun realitätsnäher. Sie hat einen innigeren Zugang zu sich selbst und damit zu ihrer eigenen Weiblichkeit gefunden. Für diese Prozesse ist sie zutiefst dankbar.

Ich bin eingefroren in Projektionen

Die vertrauensvolle Beziehung zu mir ermöglicht es Lucia, traumatische Erlebnisse wie zum Beispiel ihren frühkindlichen Missbrauch zu bearbeiten und die damit verbundenen Gefühle wieder zuzulassen und zu verbalisieren. Phasenweise leidet sie noch unter der Angst, misshandelt, vergewaltigt oder umgebracht zu werden und sich zu verlieren. Diese Ängste werden zum einen durch ihre therapeutische Arbeit mit süchtigen und psychotischen Patienten mobilisiert, die selbst unter diesen archaischen Angstzuständen leiden, zum anderen tauchen sie verstärkt auf, wenn sich ihr Mann auf Geschäftsreise befindet. In diesen Stresssituationen befürchte sie wieder, von mörderischen, quälenden Männern verfolgt zu werden, und fühle sich innerlich getrieben, erregt, ruhe- und heimatlos, schildert Lucia. Wiederholt konfrontiere ich sie damit, dass sie sich selbst quäle, wie sie vom Vater einst gequält wurde. Diese Deutung führt bei Lucia zeitweise zu einer Entspannung. Am Ende einer Sitzung sagt sie: »In mir ist alles zerbrochen. Ich habe einen Zwang zur Destruktion und bin eingefroren in Projektionen, in einem eiskalten Kosmos. Sie stellen sich wärmend daneben, dadurch kann ich wieder an die Wärme glauben. Ich beginne wieder aufzutauen.« Diese warme, annehmende therapeutische Beziehung ermöglicht es Lucia, sich ihren Traumatisierungen zuzuwenden.

»Ich hatte einen furchtbaren Verfolgungstraum. Ich bin ein Mädchen. Ein Herrscher aus einem fremden Land will mich. Er legt mich in Ketten. Plötzlich steht mein Vater über mir. Ich bin gefangen und verstecke mich unter dem Tisch. In Ketten versuche ich, in die Freiheit zu laufen, und werde dabei beobachtet und kontrolliert. Mit unheimlich begehrlichen Blicken schaut er mich an. Dann kommt plötzlich eine Durchsage, dass er mich kriegen will und stärker ist als ich. Diese Erniedrigung hat meine ganze Energie und Würde geraubt.« Lucia weint erschüttert und erzählt: »Ich musste immer mechanistisch funktionieren. Ich war einsam, keine Menschenseele war da. Es war kalt, kahl und karg, wie im November. Alles Menschliche war weit weg. Ich war wie in einer anderen Welt, wie im Krieg, wie beim Militär.« Ich bin entsetzt, wie Lucia in ihrer Kindheit erniedrigt und gedemütigt wurde. Sie klagt, dass ihre Mutter nie da war und ihr Vater sie völlig beherrschte. Schon als kleines Mädchen wurde sie von ihm geschlagen und herumkommandiert. Sie musste alles auf Befehl machen: arbeiten, aufstehen, körperliche Ertüchtigungen, Turnübungen, sogar singen und lachen. Später begehrte er sie als Frau. Ich betone, dass Lucia sich immer noch von ihrem Vater verfolgt fühle, weil dieser gleichsam in ihr weiterlebe. Sie ist in den traumatischen Szenen stecken geblieben, als ob die Zeit seither nicht vergangen wäre, und erlebt sich auch heute noch als Opfer, das sich nicht wehren kann. Ich mache ihr auch klar, dass die äußere Realität jetzt ganz anders aussieht: Ihr Vater ist mehrere Jahrzehnte tot. Sie ist eine erwachsene Frau, verheiratet, geschützt durch ihren Mann, Freunde, Freundinnen und mich.

Lucia schildert nun wieder viele Stunden lang ihre traumatische Kindheit. Sie erzählt einen Traum: »Ich habe von einem kleinen Affen geträumt. Er sprang auf meinen Arm, kuschelte sich an mich wie ein ausgehungerter Säugling und saugte an meinem nackten Arm, es tat richtig weh. Ich schleuderte ihn weg.« Lucia assoziiert zu diesem Traum, dass sie selbst dieser kleine Affe sei und immer wieder von Mutter und Vater weggeschleudert wurde. Ich bin über diesen Traum betroffen und deute, dass sie nun selbst das Lebendige in sich immer wieder wegschleudere. Sie ist traurig, weil sie auch ihre Kinder oft weggestoßen habe, manchmal wirklich den Impuls gehabt habe, sie wegzuschleudern und sie viel allein gelassen oder sie anderen zur Betreuung gegeben habe. Lucia ist über das Ausmaß der Identifikationen mit ihren Eltern erschüttert, wie ihre Mutter ist sie weggelaufen und war blind für die Bedürfnisse und Liebe ihrer Kinder.

Ihre Seelenblindheit drückt sich auch in diesem Traum aus: »Eine blinde Kuh ist trunken vor Schmerz und läuft wie eine Irre ins Wasser.« Lucia weint. Sie fragt sich bedauernd, warum sie so selten zu Hause ist. Ich verdeutliche, dass ihre Mutter schmerzerfüllt war und nur fliehen konnte. Lucia ist mit ihrer Mutter identifiziert und lässt ihre Töchter häufig allein. In ihrer inneren Welt bin auch ich diese abwesende Mutter. Auch mich lässt sie durch das Absagen ihrer Stunden häufig allein und inszeniert damit wieder das Verlassen und Verlassenwerden. Sie löst in mir das Gefühl aus, nicht wichtig zu sein, sowie Trauer und Wut – Gefühle, die sie selbst als Kind hatte. Wir bearbeiten diese Beziehungsmuster und sprechen viele Stunden darüber.

Lucia träumt von einer unbeholfenen, jungen Mutter, die verzweifelt auf einen Steinboden fiel. Sie ist entsetzt darüber, wie achtlos ihre Mutter mit ihr umgegangen sei und wie sie selbst dieses Verhalten mit ihren Kindern wiederholt habe. Lucia sagt mit zitternder Stimme: »Ich erlebe jetzt meine Fragmentierung und wie vergiftet die Atmosphäre zu Hause war. Bei uns ging es unheimlich wie im Krieg weiter, die Schießerei, der Tod stand jeden Tag im Raum. Ich möchte mich und meine Kinder schützen.« Lucia erzählt, wie unmenschlich und grausam sich ihre Eltern behandelten, wie »Feinde im Krieg«. Die Mutter sperrte zum Beispiel dem Vater das Essen weg, der Vater wiederum entwertete sie ständig. Wiederholt versuche ich Lucia zu erläutern, dass in ihren Eltern die Kriegszeit stillgestanden ist. Immer wieder konfrontiere ich Lucia mit den Fragen: Was war früher? Was ist jetzt anders? Was hat sich verändert? Wir versuchen, die alte Lebensgeschichte der Eltern von der aktuellen innerlich zu trennen. Wichtige Voraussetzungen für diese Arbeit sind das genaue Hinschauen und das achtsame Wahrnehmen der aktuellen Situation.

Wir arbeiten an Projektionen, die unsere Beziehung bedrohen. Ich konfrontiere Lucia zum Beispiel damit, dass ich für sie nicht existiere, wenn sie Stunden absagt, um andere Therapeutinnen wie eine Atemtherapeutin, Körpertherapeutin oder Yogalehrerin aufzusuchen. Sie behandelt mich, wie sie einst selbst von ihren Eltern behandelt worden war. Ich betone, dass sie das Gefühl habe, sich vor mir schützen zu müssen, weil sie mich ebenfalls so achtlos und überfordert erlebe wie ihre Mutter. Ich erläutere Lucia auch, wie bedrohlich ich für sie sein müsse, wenn sie mich wie ihre Mutter erlebe, denn die Mutter wollte sich nicht nur selbst in den Tod stürzen, sondern schoss den Vater in die Brust und ließ auch Lucia als Baby halb verhungern. Lucia bestätigt meine Deutungen und meint, dass sie mich deshalb durch das Absagen von Stunden »verdünnen« müsse. In dieser schwierigen Therapiephase meditiert Lucia häufig, um das Bearbeitete besser zu integrieren.

Ich blickte tief ins Wasser und sah auf dem Seegrund etwas leuchten

Nach mehreren Monaten beginnt unsere anstrengende Arbeit zu fruchten. Lucias seelische Entwicklungen äußern sich in diesem Traum: »Ich träumte von einer Villa am See, der von Schilf umgeben war. Der Himmel war blau. Die Aussicht auf den See war schön. Ich blickte tief ins Wasser und sah auf dem Seegrund etwas leuchten. Ich war betroffen von der Schönheit und sprachlos.« Lucia assoziiert, dass dieser Traum den tiefen Blick in ihre Seele, die Tiefe ihrer Gefühle und die Tiefe der Meditation repräsentiere. Sie spüre, dass sie sich von den destruktiven Mechanismen wie dem Agieren und Machenwollen langsam verabschiede, dagegen häufiger verweile. »Ich achte auf mich, entwickle Intuition und fange an, mich zu spüren. Ich habe ganz klare, offene Momente, sehe in die Tiefe und weiß, es geht in Richtung Heilung.«

Ich freue mich über Lucias Entwicklung und erinnere mich daran, dass ich bereits bei Therapiebeginn dachte, dass Lucia in der Analyse eine »tiefe« Entwicklung machen wird und auch ein »lichtes« Wesen hat. Vielleicht haben sich diese Gedanken Lucia vermittelt. Sie sagt: »Ich spüre mein Herz und eine tiefe Verbindung zur Mutter. Noch nie bin ich in der Tiefe so verstanden worden.« Sie bedankt sich gerührt für diese Stunde.

Lucia nimmt sich nun auch am Wochenende Zeit zur Erholung. Sie verbringt mehr Zeit zu Hause und mit ihren Töchtern, hat Phasen, in denen sie sich gut entspannen kann, und berichtet über ihren seelischen Heilungsprozess.

Ein Krebs mit ekligen Beinen

Lucia klagt aber darüber, dass sie immer noch unter vielen Symptomen leide. Ihre Augen brennen häufig. Ihre muskulären Verspannungen sind oft unerträglich. Nachts wird sie von ihren Herzrhythmusstörungen infolge des Bluthochdrucks aufgeschreckt. Als ich sie frage, was diese körperlichen Symptome ausdrücken, meint sie, dass sie nach wie vor etwas nicht sehen oder anschauen wolle, was mit ihrem Vater zu tun habe.

Lucia erzählt, dass sie immer links von ihrem Vater im Bett lag. Diese Seite könne sie heute noch vor Anspannung kaum spüren. Ihre Herzrhythmusstörung verstehen wir als Identifikation mit ihrem Vater, der unter Herzrasen litt und den man deshalb immer schonen musste. Wieder bedrückt es Lucia, dass sie verschiedene Seiten ihres Vaters noch nicht anschauen könne. Wir bearbeiten ihre Ängste. Einige Tage später träumt sie: »Ich gehe in einem unterirdischen Tümpel. Darin gibt es giftige Spinnen und Schlangen. An meinem Bein sitzt ein Krebs mit ekligen Beinen, der ist so giftig wie eine Vogelspinne. Er kriecht immer höher.« Sie assoziiert zu diesem Traum, dass sie sich nie abgrenzen durfte; den Krebs verbindet sie mit ihrem Vater. Vor ihm ekelte sie sich, wenn er nackt auf einem Bein herumhüpfte. Sie erzählt wieder, wie sie sich vor der Nähe ihres Vaters fürchtete, nachts ihre Mutter vermisste, und bezeichnet ihre Kindheit als »chaotisch-schummrig«. Auch in dem Therapiezimmer entsteht nun eine dichte, schwüle Atmosphäre. Mir fallen viele Träume von Lucia ein, in denen sie den Missbrauch durch den Vater thematisierte. Lucia liegt zitternd auf der Couch. Ihr wird übel. Sie bekommt Atemprobleme. Sie halluziniert Gerüche, riecht deutlich Alkohol und den ekligen Geruch ihres Vaters. Sie ist völlig verzweifelt. Voll Scham hält sie sich die Hände vor das Gesicht.

Langsam beginnt sie zu sprechen: »Mein Vater hat mich sexuell missbraucht. Ich spüre das jetzt ganz deutlich. Er hat seinen Schwanz von hinten zwischen meine Beine geschoben. Ich bin entsetzt. Und was das Schlimmste ist, ist die Mischung meiner Gefühle. Es war schön und furchtbar zugleich. Ich bin wütend und sage innerlich ›Mutti, Mutti‹, aber die war nie da. Ich möchte mich verkriechen, schäme mich und habe gleichzeitig eine unsagbare Wut auf meinen Vater. Ich könnte Kleinholz aus ihm machen! Ist das widerlich! Ich habe Angst vor dem Verrückten in ihm.« Niedergeschlagen und zitternd verabschiedet sich Lucia. Ich bin erschüttert und mache mir um sie Sorgen.

Zur nächsten Stunde kommt Lucia äußerst aufgebracht. Sie wirft mir wütend vor, ihrem Vater zu unterstellen, sie missbraucht zu haben, und ihr etwas einzureden, was nicht stimme. Ich bin über diese Unterstellungen überrascht und verärgert und frage Lucia, auf welche meiner Äußerungen sich ihre Wut beziehe. Sie weiß hierauf keine Antwort. Sie berichtet nun, dass sie auf ihren Mann auch eine massive Wut habe, und nicht wisse, warum. Ich deute, dass sie die Wut auf den Vater nun auf mich und ihren Mann verschiebe, um den Vater zu schonen. Ich fühle mich dabei Lucia innerlich verbunden und teile ihr mit, dass es wohl sehr wehtue und kaum auszuhalten sei, vom Vater missbraucht worden zu sein.

Lucia beruhigt sich daraufhin wieder und berichtet folgenden Traum:»Ich gehe mit meinem Mann spazieren. Wir sehen einen Hund, der eine Puppe im Maul trägt und mit ihr spielt. Der Hund hat der Puppe die Schulter herausgerissen. Es war wie ein Albtraum.« Lucia überlegt, dass der Hund ihren Vater symbolisiere, der sie wie eine Puppe durch die Gegend geschleift habe. Was für ihn spielerisch war, verletzte sie nachhaltig. Lucia erlebt den Missbrauch förmlich wieder. Hasserfüllt klagt sie ihren Vater an: »Halte meine Grenzen ein! Lass deine dreckigen Pfoten raus! Ich bin nicht deine Frau! Ich bin überfordert, ausgemergelt und habe mich von dir aussaugen lassen. Geh in Frieden! Lass mich endlich in Ruhe!« Lucia weint verzweifelt. Zitternd liegt sie auf der Couch. Sie ist ergriffen und traurig. Nach einer längeren Pause erzählt sie von dem nächtlichen Streit zwischen den Eltern, von handgreiflichen, bedrohlichen Situationen und wie Mutter auf Vater geschossen hat. »Das Trauma saß in mir. Ich konnte seither nichts mehr fühlen, nicht weinen und bin seither wie verstummt.« Lucia schildert nun ihre jahrzehntelangen verzweifelten Versuche, sich von ihrem Leid zu befreien.

Auch ich bin erschüttert. Mir fällt Lucias Traum von dem kleinen Jungen mit der Wunde, die nie heilt, ein. Vater und Tochter waren in ihren Traumatisierungen verstrickt. Lucia ist aufgewühlt. Sie kann mehrere Tage nicht arbeiten und weint häufig.

In dieser Krisensituation wird sie von ihrem Mann liebevoll gestützt. Sie erzählt ihm von ihrem Unglück und dankt ihm, dass er so viel mit ihr ertragen hat. Jahrzehntelang bemühte er sich, sie zu verstehen, immer wieder verzieh er ihr die Verletzungen, die sie ihm zufügte. Lucia bittet mich um eine Zusatzstunde. Sie liegt in Decken eingewickelt auf der Couch und zittert. Sie erzählt, dass ihr Mann sie von ihrem Trauma befreit habe: »Mein Mann hat mich geschützt und gerettet. Ich spüre jetzt wieder, dass sich mein Herz öffnet. Ich taue immer mehr auf und vor allem habe ich eine Berechtigung zu existieren.« Lucia ist glücklich, dass ihr Mann sie beschützt hat. Ihr fällt eine Begebenheit ein, die viele Jahre zurückliegt. »Als ich meinen Mann kennen lernte, zeigte er mir ein Foto. Als Junge hielt er einen ganz kleinen Vogel in der Hand. Dieser winzige Vogel war aus dem Nest gefallen. Mein Mann schützte, ernährte und rettete ihn. Damals erkannte ich ihn als meinen Mann. So ein kleiner Embryovogel war ich auch«, erklärt Lucia.

Gegen Ende der Therapie träumt sie von zwei Babys, die am Boden lagen und ihr die Beinchen entgegenstreckten: »Ich streichelte zuerst die Beinchen des einen Babys, nahm es auf den Arm und dann streichelte ich das andere.« Nach einer längeren Pause fährt Lucia fort: »Das Anfassen und das Spüren der Füßchen war wie Heimat. Ich habe die Verbindung mit ›meinem‹ gesunden inneren Kind aufgenommen und das Kleine in mein Herz zur Heilung genommen. Ich bin selbst berührbarer geworden und kann nun andere berühren.«

In einer der letzten Therapiestunden erzählt sie die Geschichte von der Perle.

Die Perle

»Ein Prinz wurde von seinen Eltern ausgesandt, um eine Perle zu bringen, die in Ägypten in der Mitte eines Sees lag. Diese Perle wurde von einer verschlingenden Schlange bewacht. Der Prinz überwand viele Hindernisse und besiegte die schreckliche Schlange, indem er den Namen seines Vaters nannte. Glücklich brachte er die Perle schließlich in das Reich zurück und wurde der König der Könige.«

Lucia erzählt, dass sie nun ihre Perle, eine schwarze Perle, in sich gefunden habe. Diese schwarze Perle sehe sie als inneres Werkzeug, um das Wahre von der Lüge zu unterscheiden, und als Symbol für ihre neu entdeckte Weiblichkeit. Nun könne sie sich als Frau spüren. Nach einem vierjährigen therapeutischen Prozess verabschiedet sich Lucia dankbar. Sie betont, ihre wichtigste Erkenntnis sei es, zu wissen, was Projektionen sind. Sie habe gelernt, ihre Projektionen wahrzunehmen, seither sei vieles anders geworden. Nachdenklich sagt sie, dass sie mich nun als Schutzengel in sich trage, und schenkt mir zum Abschied das Buch »50 Engel für das Jahr« von Anselm Grün.

Ich überlege mir nach dieser Stunde, dass sich Lucia im Lauf der Therapie den Schlangen ihrer inneren Welt gestellt und ihre Perle, ihr Selbst gefunden hat. Ich hoffe, dass Lucia auch nach dem therapeutischen Prozess ihren inneren Reichtum und ihre kreativen Fähigkeiten weiter entfalten wird. Dieses Gedicht hat sie gegen Ende der Therapie verfasst:

Ich bin's wert
»Darf ich? Darf ich denn?«,
fragt bebend meine enge Brust den großen Atem.
Da nimmt mich die unendliche Sanftheit liebevoll in ihre Arme
– ganz ohne Worte, nimmt mir einfach die Frage.
Keine Zweifel mehr, keiner der fragt,
nur noch dankbares tiefes Berührtsein
durch das Geschenk des Heiligen in meiner Brust.

Still und dankbar die Kostbarkeit in mir berühren,
schweigend Deine Hand halten,

Deine und meine Präsenz
und innig flüsternd den Schatz in mir begrüßen.

Ich bin's wert

Infolge des Kriegs erlitten Lucias Eltern mannigfaltige traumatische Erfahrungen wie den Verlust der Heimat und das Zerbrechen ihrer Liebesbeziehungen. Lucias Vater verlor sein Bein, war arbeitslos und Frührentner. Sein Körper, sein Selbst waren verletzt. Seine Projektionen, seine Wahnvorstellungen, seine psychotischen Ängste und archaischen Wutausbrüche flossen in die inneren Welten seiner Frau und seiner Töchter. Er konnte nicht für sie sorgen, sondern erwartete von ihnen Heilung. Er war nicht nur unfähig, ihre Ängste und psychische Not an- und aufzunehmen, sondern er wiederholte an ihnen eigene Traumatisierungen: die körperlichen Misshandlungen, den Missbrauch, die Demütigungen und die sadistischen Übergriffe.

Lucias Initialtraum von dem kleinen Jungen mit der großen Wunde im Bauch, die nicht heilt, ist demnach auch eine Metapher für die unheilbaren Wunden des Vaters. Er versagte als Beschützer, da er selbst zutiefst beschädigt war. Auch Lucias Mutter war seelisch verwundet. Der Verlust ihres Geliebten, der jüdischen Freundin und deren Eltern, die Arbeit als Schwester im Krieg unter anderem in Stalingrad sowie die Fehlgeburt im sechsten Schwangerschaftsmonat überforderten sie. Lucia schildert die Ehe ihrer Eltern als Horrorszenarium, das immer grauenhafter wurde. Geprägt von Gewalt, Demütigungen und Misshandlungen gipfelte sie in einer Schießerei. In Notwehr schoss Lucias Mutter auf den Vater, eine Ehetragödie vergleichbar dem »Totentanz« von Strindberg. Lucia und ihre Eltern waren einsam wie in dem Traumbild von dem Jungen und dem Embryo – ausgesetzt in einer kalten, grauen, bedrohlichen, heimatlosen Welt. Als Abwehr dieser traumatisierenden Welt schuf sich Lucia illusionäre Phantasiewelten: Wie in ihrem Tagtraum, in welchem sie mit dem Vater als Prinzessin eine Burg bewohnt, die von der übrigen Welt völlig abgeschottet ist, lebte Lucia in einer narzisstisch-ödipalen Beziehung zu ihrem Vater, in der die Mutter und die Mitmenschen entwertet wurden. Lucia war identifiziert mit dem faschistischen Naziideal des Vaters: »Wir sind die Auserwählten, die Guten, die anderen die Unwerten, die Inzestprodukte.« Die narzisstischen Wunden, der Inzest wurden somit auf die anderen projiziert.

In dieser Familie herrschte weiterhin Kriegszustand. Drill, Kälte, Abhärtung, rationiertes Essen, seelische, körperliche und sexuelle Misshandlungen, Verbarrikadieren hinter verschlossenen Mauern, bissige Hunde im Zwinger, die Waffe griffbereit, Schießereien. Hörigkeit, Folter, rigide Kontrollmechanismen und Unmenschlichkeit prägten Lucias Kindheit und Jugend. Für Zärtlichkeit, Wärme, einen liebevollen Dialog und Kreativität gab es kaum Raum. Durch diese Atmosphäre war Lucia angespannt, seelisch vergiftet und versteinert. Ihre Träume waren bedrohlich. Schon als Kind erstarrten ihre Augen angesichts der schrecklichen Realität.

In der Therapie, in unserer Beziehung, insbesondere durch das Analysieren von Träumen erkennt Lucia diese bedrohliche Welt, den Krieg, den sie nun in sich hat. Lucia träumt vom Schrott, von verbrannten Häusern, von Kriegsgefangenen, von Arbeitslagern, von Zwangsarbeit, von Bahnhöfen mit Soldaten, vom Verlust der Heimat, von russischen Dörfern, in denen Frauen mit ihren Kindern in Holzhäuser gesperrt und von Nazis verbrannt wurden, von brutalen Männern mit geladenen Gewehren, die Frauen bedrohten, verfolgten, misshandelten und missbrauchten. In Lucias innerer Welt ist die Zeit stehen geblieben. Wie ihr Vater sucht sie nach einer Heimat, wie ihre Mutter versorgt sie andere bis zur völligen Erschöpfung.

Ein Schwerpunkt dieser Therapie ist, dass Lucia erfährt und erlebt, wie tief ihr Leben von den Traumata der Eltern geprägt ist und wie sich diese an ihr wiederholen. Wesentlich für Lucias Heilung ist die Bearbeitung der traumatisierenden, inzestuösen Vaterbeziehung. Entscheidende Impulse geben die Träume, in denen Lucia den Inzest darstellt. Sie hat lange ein gespaltenes Vaterbild. Einerseits sieht sie ihn als den verfolgenden, quälenden, missbrauchenden, sadistischen Nazi, andererseits brachte er ihr bei, an Gott zu glauben, und war für sie »die warme Hand zum Überleben«. Das bedrohliche Vaterbild drückt sich in ihren Ängsten, Entwertungen und Aggressionsdurchbrüchen aus, das gute Vaterbild in ihrer Hoffnung und in ihrem Wunsch, geheilt zu werden. In dieser Heilsuche ist sie mit ihrem Vater identifiziert, der im »Führer« seine Rettung sah. Ihre Identifikation mit dem Vater zeigt sich auch darin, dass sie sich wie zu Kriegszeiten in ihrem Haus verschanzt und verbarrikadiert hat; weil sie ihre Aggressionen projiziert, fürchtet sie, von ihrem Nachbarn überfallen und ermordet zu werden. Sie hat Angst, dass ihr Haus abbrennt und sie somit wie ihre Eltern ihr Zuhause verliert. Wiederholt träumt Lucia von einer schwangeren Frau mit einem Baby im Arm, die in einem Holzhaus kläglich verbrennt. Sie assoziiert zu diesem Traum die Politik der verbrannten Erde in Russland während des Zweiten Weltkriegs, wie sie von deutschen Soldaten, vielleicht auch von ihrem Vater, praktiziert wurde.

Ein besonders eindrückliches Zeichen der Tradierung der traumatischen Schicksale in dieser Familie zeigt sich darin, dass Lucia, ihre Mutter und ihre beiden Schwestern sich die Beine mehrmals verletzten und brachen. Trotz mehrerer Operationen waren Lucias Mutter und ihre Halbschwester nicht mehr fähig zu gehen. Lucias Bein wäre infolge einer Knocheneiterung beinahe – wie das des Vaters – amputiert worden. Auch Lucias Tochter wurde durch einen Motorradunfall am Bein verletzt. Eine weitere merkwürdige Verstrickung ist die durch Nazis gewaltsam abgebrochene Schwangerschaft der Jüdin Dora, die Fehlgeburt von Lucias Mutter im sechsten Monat und die Blutungen, die Lucia selbst im sechsten Monat bei ihren beiden Schwangerschaften hatte.

All diese Traumata führten in Lucia zu vielen Blockaden, unerklärlichen Lebensmustern, Verblendungen und Verwirrungen. Eine wesentliche Wurzel für Lucias Heilungsprozess ist unsere tragende, therapeutische Beziehung, in der wir viele Traumata, Projektionen und Reinszenierungen bearbeiten können. Lucia drückt es so aus: »Ich war so oft starr, wie tot, eingefroren, verloren; vieles wurde in mir durch Ihre wärmende Menschlichkeit wieder lebendig. Hier hatte ich die Chance aufzutauen.«

Zu ihren Töchtern gewinnt Lucia Vertrauen und kann diese

mehr loslassen und sein lassen, wie sie sind. Durch das Bearbeiten der traumatischen Beziehung zum Vater, insbesondere des sexuellen Missbrauchs, verändert sich auch die Beziehung zu ihrem Mann positiv. »Ich habe lange die Anerkennung von außen und von Fremden gesucht und zerstörte mich dabei. Dieses Muster sehe ich nun viel deutlicher. Deshalb kann ich nun endlich die Liebesbeziehung zu meinem Mann tiefer entfalten und mit ihm das Leben mehr genießen.«

Neben der psychoanalytischen Arbeit ist die Meditation für Lucia eine wichtige Möglichkeit zur inneren Klärung. Auch das Schreiben und das Malen »aus der Seele« ist für sie ein Weg, das Eigene festzuhalten, zu integrieren und zu entfalten. Sie schreibt seit Jahren ihre Träume auf und hat gelernt, sie zu entschlüsseln. In der psychoanalytischen Therapie hat sie die Möglichkeit, das Erarbeitete zu sammeln, zu ordnen und zu integrieren. Das führt zu vielen Heilungsprozessen.

Lucia ist nicht mehr so verkrampft. Ihre Atembeschwerden treten seltener auf. Auch unter Augenentzündungen leidet sie seit einigen Monaten nicht mehr. Lucia ernährt sich gesund und verzichtet auf Alkohol. Sie hat viele eigene Traumata wieder durchlebt und bewältigt. Ihre Ängste treten seltener auf. Auch ihre Zwänge sind weniger quälend. Ihre Beziehungen, insbesondere die zu ihrem Mann und ihren Töchtern, haben sich entspannt und positiv entwickelt. Lucia träumt gegen Ende der Therapie von zwei Babys, denen sie die Beinchen streichelt und die sie ins Herz schließt. Sie symbolisiert in diesem Traum die Heilung ihres inneren Kindes, das innige Annehmen ihrer beiden Töchter und ihrer Eltern. Denken wir an die Träume von dem »Jungen mit der großen Wunde« und dem »Embryo im Dickicht« zu Therapiebeginn, so zeigt sich, wie tiefgehend sich Lucias innere Welt in der vierjährigen Analyse verändert hat.

Trotz all dieser positiven Entwicklungen ist Lucia aber weiterhin in Gefahr, auf Stresssituationen mit psychosomatischen Symptomen wie körperlicher Anspannung, Bluthochdruck und Angst zu reagieren. Sie kommt deshalb – wenn auch in größeren zeitlichen Abständen – weiter zur Therapie, holt sich zudem bei einer Atemtherapeutin Hilfe und meditiert regelmäßig.

■ Vom Familientraum zum eigenen Traum

> Man wird auch allmählich erkennen lernen,
> dass das, was wir Schicksal nennen, aus den Menschen
> heraustritt, nicht von außen her in sie hinein.«
> Rainer Maria Rilke

■ Träume offenbaren transgenerationale Traumata

Bereits Situationen und Konflikte, welche die Patientinnen zur Behandlung führten, waren – wie sich in der Therapie herausstellte – häufig mit den Traumata der Eltern verbunden.

Viola kam zur Therapie, weil sich die Trennungstraumata der Eltern in ihrer aktuellen Beziehungskrise wiederholten. Marika stellte bereits in der ersten Begegnung das Flüchtlingsschicksal ihrer Eltern dar: Sie kam in grauer Kleidung mit einem riesigen Rucksack. Wiltrud war infolge der Beschwerde eines Schülers sehr gekränkt und fühlte sich sogar existenziell bedroht. Dieser »öffentliche Angriff« war unbewusst mit der tabuisierten Traumatisierung ihres Vaters verbunden, der im Zuge der Entnazifizierung für mehrere Monate seine Stelle als Lehrer verloren hatte. Susanne erzählte im Erstgespräch von wiederholten Knochenbrüchen und ihren zahlreichen zerbrochenen Männerbeziehungen. Später stellte sich heraus, dass ihr Großvater und ihr Vater im Krieg schwer verwundet worden waren. Ihre Mutter verlor im Krieg mehrere Männer und ihre zwei Brüder. Lucia war ausgemergelt, voll Panik und verschanzte sich nachts wie ihre Eltern in der Kriegszeit.

Das Phänomen, dass sich die Schicksale der Eltern in den Kindern wiederholen, zeigte sich also bereits zu Therapiebeginn. Marika, Lucia und Patienten, deren Eltern aus ihrer Heimat fliehen mussten, sind noch Jahrzehnte später wie »auf der Flucht«.

Jede Trennungssituation wie Todesfälle, Krisen mit den Kindern oder mit dem Ehemann, Kündigung des Arbeitsplatzes oder sogar Urlaubspläne konnten die Betroffenen unbewusst an die Flüchtlingsschicksale der Eltern erinnern. Insbesondere auch politische Krisen wie der Golfkrieg 1991, die Konflikte in Bosnien, die Terroranschläge am 11. September 2001 in New York oder andere Katastrophen berührten in Patienten transgenerationale Traumata und führten sie zur Therapie.

Der Umfang der tradierten Traumata sowie die Folgen für die Patienten waren ganz unterschiedlich. Viele meiner Patientinnen fürchteten, wie ihre Mütter verfolgt, missbraucht oder getötet zu werden, und litten unter extremen Ängsten und Albträumen. Andere schienen dagegen ein von den Traumata der Eltern relativ unbelastetes Leben zu führen, bis in ihnen plötzlich ein spezifisches Trauma eines Elternteils durchbrach. Die Möglichkeiten, Traumata zu bewältigen, hängen von der jeweiligen Persönlichkeitsstruktur ab.

An ausgewählten Träumen möchte ich nun die Bearbeitung transgenerationaler Traumata sowie die innere Entwicklung meiner Patientinnen aufzeigen.

Viola wurde in ihren wiederkehrenden Träumen von unbekannten Männern verfolgt. Diese Albträume quälten sie ihr Leben lang. Sie stellten das Schicksal der Mutter dar, die im Zweiten Weltkrieg wirklich von deutschen Soldaten und später von italienischen Partisanen verfolgt wurde, und das Kriegsschicksal des Vaters. Violas innere Welt war also von Verfolgungsängsten der Eltern durchdrungen. Diese Träume bearbeiteten wir viele Monate. Ich regte Viola an, mit ihrer Mutter über deren Lebensgeschichte zu sprechen (ihr Vater war bereits früh verstorben). Ihre Mutter erzählte nun von den Gräueltaten der deutschen Soldaten im Zweiten Weltkrieg in Italien. Ich machte Viola darauf aufmerksam, dass sich in ihren Albträumen die furchtbaren Erlebnisse der Eltern ausdrücken. Auch in Violas Traum von dem »Mann, der der Katze den Kopf umdreht«, veranschaulichte sich das Trauma der Mutter ganz unverstellt. Den »Kopf verdreht zu bekommen«, das heißt sich zu verlieben, war für Violas Mutter wirklich lebensbedrohlich. Sie war noch Jahrzehnte später durch ihr eigenes Schicksal so beeinträchtigt, dass sie Violas Ängste und Leid kaum wahr- und aufnehmen konnte. Viola blieb dadurch innerlich völlig einsam wie in ihren Träumen. Diese extreme Isolation verbildlichte sich auch in ihrem Schlüsseltraum, in welchem sie sich vergeblich um Kontakt mit ihren Eltern bemühte. Während Viola diesen Traum erzählte, entstand in mir das Bild eines einsamen Babys, dessen Mutter in eine Depression verfallen war. Das Schildern meines inneren Bildes führte Viola zu verschütteten Erinnerungen und zu vielen völlig neuen Erkenntnissen über die Familie ihres Vaters.

Das Bearbeiten transgenerationaler Traumata in ihren Träumen, die dazugehörige Rekonstruktion der Lebensgeschichten ihrer Eltern sowie die Trauer hierüber waren das Fundament für Violas Heilungsprozesse. Sie träumte gegen Ende der Therapie, dass sie mit ihrer und meiner Familie ein großes Fest feierte. »Es ging total italienisch zu, der Raum war voll Sonne und Liebe.« In diesem Traum zeigte sich die Versöhnung mit ihren Eltern sowie die Versöhnung zwischen den Deutschen und den Italienern. Vergleicht man Violas Träume zu Therapiebeginn und am Ende der Therapie, so erkennt man, wie sich Violas innere Welt, in der sie das Opfer von bedrohlichen Männern war, in eine sinnliche Welt transformiert hat, in der sie eine lebendige, aktive und sozial integrierte Frau ist.

Marikas Traum, in dem sie nach der Therapiestunde das Auto nicht fand, war ein Bild für die Autonomie und das Eigene, das Marika sowie ihre Eltern als Flüchtlinge verloren hatten. Marika wurde zur »Mülltonne« der Mutter und wünschte sich deshalb in einem Traum, dass ihre Mutter zu mir in Therapie käme. In einem weiteren Traum begegneten ihr im Garten eine Blindschleiche und eine Kreuzotter. Diese Tiere symbolisierten das gespaltene Männerbild von Marika. Sie berichtete, dass ihre Mutter sie einsperrte, um sie von Männern fernzuhalten, weil ihre Mutter diese als feindlich erlebte. Gefangen in ihrem Flüchtlingsschicksal lebte sie, wie auch Violas Mutter, in einer »bedrohlichen« Welt weiter. Rückblickend offenbarten sich in diesem Traumbild möglicherweise aber auch schon der »harmlose« vermeintliche Vater und der tabuisierte »gefährliche«, leibliche Vater Marikas.

In einem anderen Traum zerbrachen ihr die Sektgläser, was ich als eine Metapher für ihre fragile Weiblichkeit deutete. Das Glück zerbrach ihr wie der Mutter in den Händen. Marikas wachsende Autonomie drückte sich in vielen Träumen aus: Sie steuerte Autos, Flugzeuge und Motorschiffe. Sie träumte, schwanger zu sein und ein Mädchen zur Welt zu bringen und assoziierte ihre eigene Geburt sowie ihre veränderte, lebendige Beziehung zu ihren Kindern. Am Schluss der Behandlung thematisierte sie in einem Traum die bunten Wege der Kommunikation.

In einem ihrer ersten Träume saß Wiltrud mit Schülern in einem muffigen, abgedunkelten Keller. Sie sah Panzer, erstarrte Gestalten, Soldaten und wurde verfolgt. Ihre aktuelle Konfliktsituation als Lehrerin vermischte sich mit den Kriegserlebnissen ihrer Eltern. Wir sortierten die schrecklichen Erlebnisse von Vater und Mutter von Wiltruds eigener Krise. Das führte im Lauf der Therapie zu einer Differenzierung. Sie hatte nun wiederkehrende Träume, die das Leid der Mutter thematisierten: Bombenangriffe, Brandkatastrophen, einstürzende Mauern, den Abschied ihres Mannes und die Angst um die Kinder. Andere Träume stellten dagegen die Kriegserlebnisse ihres Vaters dar: die Einsamkeit, die Kälte in Russland und seine Heimkehr.

Mit dem Sprechen über die Schicksale der Eltern entfaltete sich Wiltruds eigene innere Welt. Ihre Träume wurden zusehends realitätsnäher und spiegelten Wiltruds aktuelles Leben. Aus den erstarrten, stummen Gestalten wurden aktuelle, lebendige Bezugspersonen wie ihr Mann und ihre Söhne. Schließlich entdeckte Wiltrud auch im Traum ihre eigene Stimme und ihren eigenen Weg.

In Susannes Traum, in welchem sie einen Hut über dem Kopf hat, nichts sehen kann und schwindlig sowie orientierungslos ist, stellte sie ihre eigene Verwirrtheit und Blindheit, aber auch die der Eltern dar. Susannes Eltern wurden beide an den Augen operiert, beide sind gefährdet zu erblinden, ihre Großmutter väterlicherseits war blind. Susanne assoziierte zu diesem Traum ihre Verwirrung über den körperlichen und sexuellen Missbrauch. In diesem Traumbild zeigte sich aber auch die Situation ihrer Mutter. Sie war infolge der wiederholt zerbrochenen Liebesbeziehungen verwirrt, weil sie gefühlsmäßig damit völlig überfordert war. Deshalb herrschte in Susannes Mutter ein inneres Chaos, das sich in Susanne wiederholte. Auch Susannes Beziehungen zu Männern zerbrachen häufig und auch sie würfelte ihre Freunde innerlich durcheinander. Susannes Vater war infolge seiner Kopfschussverletzung und der posttraumatischen Störungen lange verworren, benommen und orientierungslos. Ihre Eltern hatten also beide infolge der erlittenen Schicksalsschläge ihre Orientierung verloren und konnten somit auch Susanne kaum Halt geben.

Der Traum von dem Vulkan, in dem Steintrümmer herabwirbelten und alles einstürzte, drückte die innere Bedrohung von Susanne und deren Eltern aus sowie die Unfähigkeit aller, die Explosionen – nach Bion die β-Elemente – zu »containen« und zu integrieren. Die zwei leeren Särge, die Susanne in einem weiteren Traum mit ihrem Vater besuchte, bezeugten die unbetrauerten Toten in dieser Familie; die geliebten Männer, das verlorene Kind und die gefallenen Brüder der Mutter sowie die ermordeten Kriegsopfer.

Susannes mangelnde innere Sicherheit und ihr fehlender Halt äußerten sich in vielen Träumen. Sie träumte, dass sie fast von der Couch herunterfällt und eine Kinderschwester sie wegträgt. Durch das Bearbeiten transgenerationaler Verstrickungen differenzierten sich auch Susannes Träume. Sie träumte vom Vater, der ohne Gesicht und Hände mit einem vergifteten Hund zur Therapie kommt, von Verrat, Kriegslagern, unheimlichen Konzentrationslagern und Leichen. Sie träumte auch von dem Leid ihrer Mutter – einer hochschwangeren Frau, der ein Mann mit einem Säbel in den Bauch stach – und assoziierte damit die Liebesbeziehung zwischen Josef und ihrer Mutter sowie den Schwangerschaftsabbruch.

Das Bearbeiten dieser Ereignisse klärte Susannes Innenleben. Sie träumte schließlich, dass sie Brillen bekommt, mit denen sie immer klarer sehen kann. Ihre veränderten Vater- und Mutterbilder, ihre eigenen Wünsche und ihre eigenen Beziehungen stellten sich nun in vielen Träumen dar. Sie träumte unter anderem von einer lichtdurchfluteten Wohnung und von der Möglichkeit, im Dialog Konflikte zu lösen und Grenzen zu finden.

Auch Lucias Traum zu Beginn der Therapie von dem kleinen Jungen mit der großen, unheilbaren Wunde, die von niemandem wahrgenommen wird, stand für das verstrickte familiäre Leid. Lucias Vater wurde schon als kleines Kind viel geschlagen, im Krieg verlor er ein Bein. Er war in seinem Selbst verwundet und wiederholte die Misshandlungen an seiner Frau und seinen Töchtern. Lucias Mutter war das Ersatzkind für eine verstorbene Schwester. Der Verlust ihres jüdischen Geliebten und dessen Familie, der Abgang im sechsten Schwangerschaftsmonat, die Demütigungen und Misshandlungen ihres Mannes waren schreckliche Verletzungen. Lucia und ihre Eltern waren also tief verwundet worden und wie in Lucias Embryotraum einsam und heimatlos in einer kalten, grauen, bedrohlichen Welt.

Wie in ihrem Traum, in dem ich neben ihr schwamm, tauchte ich ein in Lucias innere Welt, in eine trostlose Welt ohne Sonne, in der es »überall Schrott gibt«, und überwand in der Therapie mit ihr viele Hindernisse. Wir differenzierten die Lebensgeschichte von Lucias Eltern von ihrer eigenen. Sie träumte daraufhin immer spezifischer von den traumatischen Erlebnissen der Eltern: von halb zerfetzten Leichen, von Verfolgungen, von verwundeten Kriegern, von Arbeitslagern, von ihrem Vater, dem ehemaligen Rittmeister, einem steifen, starren Mann, der getötet werden soll. Lucia träumte auch vom grauenvollen Schicksal der Mutter, von einem Frauengesicht mit einer Narbe, das von einem brutalen Mann mit Scherben zerschnitten worden war. In vielen Träumen stellte sie die zerstörerischen familiären Beziehungen ganz unverstellt dar.

Mit dem Bearbeiten und Differenzieren der jeweiligen Traumata und durch die Rekonstruktion der Lebensgeschichten der Eltern entfaltete auch Lucia immer deutlicher ihre eigene innere Welt. In mehreren Träumen suchte sie nun Ärzte auf und drückte ihren Wunsch nach Heilung aus.

Sie thematisierte, angeregt durch meine Deutung des Traums vom »Krebs mit den ekligen Beinen«, den sexuellen Missbrauch durch den Vater. Infolge der Arbeit mit Träumen, mit Hilfe des

Dialogs und meiner Gefühle, insbesondere durch mein Mitleiden, spürte sie schließlich selbst das tiefe Leid, das ihr zugefügt worden war, und konnte darüber trauern. Das Sortieren und Bearbeiten der Traumata in ihren Träumen bewirkte bei Lucia die Linderung ihrer Symptome und eröffnete ihr viele Entwicklungen. Schließlich träumte sie von Geborgenheit, von Zärtlichkeit mit ihrem Mann, ihren Kindern und von Babys, deren Beinchen sie streichelte und die sie ins Herz schloss.

Die anfangs bedrohlichen Träume der Patientinnen waren beherrscht von Verfolgung, Angst und Verwirrung. Das gemeinsame Sortieren brachte allmählich Klarheit in die verdichteten Familienträume, so dass die Patientinnen ihre eigenen Träume entwickelten. Aus den schwarzen, grauen Albträumen wurden im Lauf der Therapie hellere und farbigere Träume, in denen Wärme und Gerüche vorkamen. Die Patientinnen wurden von wohlwollenden Menschen, von guten inneren Objekten begleitet. Feste wurden gefeiert, kulturelle Werte entdeckt, die Familienmitglieder achteten und wertschätzten sich. Im Dialog wurden Erkenntnisse und Lösungen deutlich. Heilungs- und Entwicklungsprozesse setzten ein.

Ich habe diese jahrelange Entwicklung der Patientinnen aus Platzgründen nur an wenigen ausgewählten Träumen aufzeigen können. Eine Zusammenschau aller Träume würde die beschriebenen Prozesse natürlich viel deutlicher machen.

■ Die Traumata der Eltern spiegeln sich in der therapeutischen Beziehung

Die Vergangenheit der Eltern spiegelte sich phasenweise auch in der therapeutischen Beziehung. Obwohl diese von gegenseitiger Sympathie geprägt war, brachen zeitweise Missverständnisse, Spannungen und Aggressionen durch, die – wie sich später herausstellte – häufig in verzerrten Einstellungen der Eltern wurzelten.

Viola äußerte zum Beispiel anlässlich des Golfkriegs plötzlich und für mich ganz unverständlich Hass auf mich, da »Deutsche gefühlskalt sind und Menschen im Krieg opfern«. Wie ihre Mutter sah sie auch mich zeitweise als »kalte, grausame, verfolgende Deutsche«. Marika fühlte sich während der Therapie auch manchmal von mir wie auf die Couch gefesselt oder wie in einen Eisenkasten gesperrt und hilflos ausgeliefert wie in Kriegszeiten. Wiltrud erlebte mich phasenweise wie ihren Vater als gnadenlos, kontrollierend und hohe Ansprüche stellend. Susanne hingegen war häufig verwirrt und unklar. Infolge projektiver Identifikation erlebte auch ich während der Therapiestunden hin und wieder diese psychischen Zustände. Lucia hatte während der Behandlung wiederholte Aggressionsdurchbrüche. Ich hatte häufig das Gefühl, dass sie die Therapie infolge ihrer Enttäuschung und Wut darüber, von mir nicht genügend verstanden zu werden, plötzlich abbrechen würde. Hilflosigkeit, Ärger, Hoffnungslosigkeit und Angst machten sich in diesen Phasen in mir breit. Lucia entwertete mich, wie sie selbst entwertet worden war. Es war oft schwierig, dies zu ertragen und die Beziehung zu ihr aufrechtzuerhalten.

Auch das familiäre Schweigen und Verschweigen prägten die therapeutische Beziehung. Verstummt waren die Patienten häufig bereits bei Stundenbeginn, bei der Gestaltung des Stundenverlaufs sowie bei der freien Assoziation. »Sie müssen mir sagen, wie ich anfangen soll. Sie müssen mir sagen, was man da macht«, baten sie mich hilflos. Verstummt waren sie auch bei Fragen, die ihr eigenes Selbst sowie ihre Familiengeschichte betrafen. Auf Fragen wie »Was fühlen Sie? Wie geht es Ihnen? Was wollen Sie?« herrschte oft Schweigen.

In vielen Familien gab es spezifische Tabus, etwa das Tabu, über Krankheiten und Angst, Schuld und Scham und das Leid des Kriegs zu sprechen. Diese Tabus und ungeschriebene Gesetze, eigene Gefühle, eigene Wünsche und die Wahrheit zu verschweigen, blockierten Beziehungen und hatten damit also schwerwiegende Folgen.

Da die vermittelten Traumata der Eltern meist lange unbekannt waren, entstanden häufig Gefühle der Unklarheit, der Hilflosigkeit oder der Verwirrung, wenn die Patienten über transgenerationale Phänomene sprachen, die noch unerklärlich waren. Um ihre Enttäuschung abzuwehren, idealisierten mich die Patienten oftmals, wünschten, ganz von mir verstanden und »vollständig« geheilt zu werden. Manche wollten mit mir immer gleicher Meinung sein, andere nahmen mich häufig verzerrt wahr. Sie erzeugten somit in mir Gefühle, die sie als Kind bei ihren Eltern hatten, denn auch diese konnten infolge eigener Projektionen ihre Kinder in ihrer Individualität nur partiell wahrnehmen.

Die Aggression, die Verwirrung, die Unsicherheit und die Ängste der Patienten waren für mich häufig schwer auszuhalten. Das Bearbeiten der Projektionen und projektiven Identifikationen vertiefte aber die therapeutischen Beziehungen und das Aufbrechen der Tabus, wie zum Beispiel über Traumata, Konflikte oder über unangenehme Gefühle zu sprechen, ermöglichte zusehends einen lebendigen Dialog. Die Patientinnen wurden angeregt, ihre eigene Geschichte und die Geschichte ihrer Eltern zu erkunden und zu rekonstruieren. Diese Arbeit führte zu wichtigen Differenzierungsschritten und letztlich zu einem Gefühl der inneren Befreiung. Allmählich nahmen die Patientinnen ihre Gefühle deutlicher wahr, versöhnten sich mit den Eltern und knüpften neue Beziehungen.

■ Schwerpunkte meiner therapeutischen Arbeit

Bei der Behandlung meiner Patienten zeigte sich, dass die Wucht und das Ausmaß ihrer eigenen Traumata sowie derjenigen ihrer Eltern weit umfangreicher waren, als ich bisher vermutet hatte. Aufgrund der Mehrfach-Traumatisierungen waren bei den Eltern viele Fähigkeiten zerbrochen, insbesondere die Fähigkeit, das erlebte Leid in sich zu tragen. Dadurch kam es zu einer »Wolke« von projektiven Identifikationen, Gefühlen der Bedrohung und Angst. Diese bedrohliche Wolke vernebelte und verdüsterte die gesamte familiäre Atmosphäre meiner Patienten, war lange nicht greifbar und symbolisierbar und hüllte jeden Einzelnen so ein, dass er seine eigene Orientierung dabei verlor.

Da Ereignisse, die an das ursprüngliche Trauma bewusst oder

unbewusst erinnerten, es wieder reaktivierten, verdichtete sich diese bedrückende Wolke zusehends. Eltern, die durch den Krieg traumatisiert waren, reagierten auf Erinnerungssituationen und -signale wie politische Konflikte, terroristische Attentate und Krisensituationen wie Trennungen mit großen Ängsten und fühlten sich bedroht. Diese innere Bedrohung der Eltern ging auf die übrige Familie über. Das bedeutete für viele Kinder eine extreme Belastungssituation. Von ihrer Geburt an waren sie den Angst- und Panikzuständen ihrer Eltern ausgesetzt. Bereits mit der Namensgebung mussten sie häufig Rollen von toten Angehörigen für Partner, Elternteile oder Geschwister übernehmen. Manche hatten den Auftrag, die Schuld und Scham der Eltern durch besondere Leistungen wieder gutzumachen oder deren unerfüllte Wünsche zu erfüllen.

In ihrer psychischen Not missbrauchten viele Eltern ihre Kinder als »Mülleimer«. Da häufig sämtliche Familienmitglieder von der dichten Wolke umhüllt und erfasst waren, konnte der Einzelne in seiner Identität nicht wahrgenommen werden und war somit auch selbst unfähig, den anderen wahrzunehmen. Diese Kinder hatten keinen eigenen, klaren Entwicklungsraum. Die Folge waren Verwirrungszustände, Verfolgungsängste, Depressionen und Blockaden in ihrer Wahrnehmung, in ihrem Denken und ihrer persönlichen Entwicklung.

In der Therapie bekamen diese Patienten häufig erstmals einen geschützten Raum und eine geschützte Zeitstruktur. In der Arbeit mit ihnen übernahm ich wichtige Container-Funktionen, das heißt, ich nahm ihre Projektionen, Verwirrtheitszustände, Verfolgungsängste und Wahrnehmungsstörungen in mir auf, sortierte das Aufgenommene und bearbeitete es mit ihnen in jahrelangen Prozessen. Im Lauf der Zeit entrümpelten und sortierten wir den Müll in verschiedene Container. Mit den Patienten rekonstruierte ich detailliert die Lebensgeschichte ihrer Eltern und spürte mit ihnen so weit möglich familiäre Tabus und Traumata auf. Manchmal bekamen die Patienten durch meine inneren Bilder und Gefühle Zugang zu verheimlichten Schicksalsschlägen der Eltern. Die Rekonstruktion der Geschichte der Eltern ermöglichte ihnen wichtige Differenzierungsprozesse.

Folgende Fragen waren hierbei hilfreich: Wie ist die Lebensgeschichte Ihrer Mutter? Wie ist die Lebensgeschichte Ihres Vaters? Wie ist Ihre eigene Lebensgeschichte? Was gehört zur Geschichte Ihrer Mutter? Was gehört zur Geschichte Ihres Vaters? Was spüren Sie wirklich? Welche Gefühle gehören zu anderen und zu wem? Was ist von anderen in Sie introjiziert? Wo projizieren Sie? Dieselben Fragen stellte ich wiederholt bei Handlungen, Gedanken, Lebensplänen und Beziehungskonflikten, die mir nicht zu den Patienten zu passen schienen.

Folge dieser Arbeit war, dass bei den Patienten im Lauf der Zeit ein deutlicheres Gefühl für das Eigene entstand und sie viele bisher ungelebte oder nur eingeschränkt gelebte eigene Fähigkeiten entwickeln konnten, zum Beispiel die Fähigkeit, selbst Vermischtes zu sortieren. Ziele der Therapie waren das Entfalten der eigenen Identität und des Dialogs.

Für dieses Ziel entdeckte ich Träume, deren Erzählung und ihre Bearbeitung als wichtige Behandlungstechnik. Da in Träumen verschiedene Mitteilungen gleichzeitig enthalten sind, geben sie zum Beispiel Aufschluss über die Vermischungen von Räumen, Zeiten, Gefühlen, Identitäten und Traumata. So werden im Traum die Wolke von Projektionen, Introjektionen und die vermischten Traumata der Familie sichtbar und symbolisierbar. Deshalb können durch das Erzählen und Bearbeiten von Träumen familiäre Verstrickungen aufgedeckt werden. Im Lauf der Jahre werden in der Therapie die Traumata sortiert und die innere Welt von Vater und Mutter kann von der eigenen, inneren Welt des Patienten zusehends abgegrenzt werden. Darüber hinaus kann durch Informationen, die über den Traum vermittelt werden, auch der familiäre Dialog angeregt werden.

Wenn ein Patient mir einen Traum erzählt, löst dieser in mir meist viele Bilder, Gefühle, Gedanken und Deutungen aus. Es gibt Träume, die ich in mir aufbewahre und über die ich lange nachdenke. Ich bin davon überzeugt, dass dieser innere Vorgang im Patienten etwas bewirkt, auch wenn in den folgenden Therapiestunden über diesen Traum nicht gesprochen wird. Durch die Arbeit mit Träumen und die Halt gebende Beziehung zwischen dem Patienten und dem Psychoanalytiker sowie dessen Fähigkeit, α-Funktionen zu übernehmen, wächst auch im Patienten die Symbolisierungsfähigkeit, die Fähigkeit zu denken und zu träumen. So können viele Wunden, die das Trauma geschlagen hat, heilen. In diesem therapeutischen Prozess wird in Träumen immer wieder etwas Neues dargestellt und ausgedrückt, was vorher nicht fassbar war. Auf diese Weise bekommt Unkonturiertes Konturen, Unabgegrenztes Grenzen und das Unmitteilbare wird mitteilbar. Das hat weit reichende Konsequenzen: Viele körperliche und seelische Symptome heilen, die Integrationsfähigkeit wächst, viele Fähigkeiten und kreative Prozesse entwickeln sich und schließlich entfalten sich die eigene Identität und die eigene Wahrheit.

Der Schwerpunkt meiner Arbeit liegt darin, alles, was mir die Patienten mitteilen, aufzunehmen, nachzuempfinden und in mir arbeiten zu lassen. Ich achte dabei auf Bilder, Gefühle und Erkenntnisse, die in mir entstehen – wobei ich mir die Patienten meist in ihren sozialen Netzen vorstelle, das heißt zum Beispiel mit ihren Eltern, ihrem Partner und ihren Kindern –, und teile sie den Patienten mit.

Ich übe also Aufgaben aus, welche die Eltern meiner Patienten aufgrund ihrer Traumatisierungen nur partiell übernehmen konnten, nämlich Bilder sehen, die die Patienten noch nicht sehen können, Gedanken und Lösungen denken, welche sie noch nicht denken können. Immer wieder geht es bei diesem Prozess darum, die emotionale Wahrheit der inneren Situation des Patienten zu erfassen und diese zu kommunizieren (Lazar 1999, S. 217). Erst wenn der Patient sich verstanden fühlt, erlebt er, dass das, was er in den Analytiker hineinprojiziert hat, in dessen Innerem verarbeitet wird. Er kann sich dann im Inneren des Analytikers so aufgehoben fühlen, dass allmählich Vertrauen und innerer Halt in ihm selbst wachsen.

Die zunehmende Identifizierung des Patienten mit den Fähigkeiten des Analytikers ist eine wichtige Grundlage dafür, dass der Patient allmählich lernt, seine Träume selbst zu deuten und fähig wird, sich selbst zu analysieren.

■ Das Trauma im Märchen – »Die Schneekönigin«

In vielen Märchen wird dargestellt, wie infolge von Schuld und Grenzüberschreitungen der Eltern deren Kinder verflucht oder verwünscht werden. Die Tragik transgenerationaler Verstrickungen wird zum Beispiel in den Märchen »Rapunzel«, »Dornröschen« und »Die Schneekönigin« eindrucksvoll geschildert. Rapunzel wird von einer Hexe in einen Turm gesperrt, weil ihr Vater aus deren Garten mehrmals das Kraut Rapunzel entwendete. Dornröschen und das Königsschloss verfallen in einen hundertjährigen Schlaf, weil ihre Eltern es versäumten, eine Fee einzuladen. Rapunzel und Dornröschen tragen die Namen der jeweiligen »traumatischen Szene«, ihre eigene Identität scheint infolge der Traumatisierung wie ausgelöscht.

Auf das Märchen »Die Schneekönigin« von Hans Christian Andersen möchte ich ausführlicher eingehen. Zunächst werde ich es kurz zusammenfassen und anschließend einige Gedanken zur Interpretation anführen.

In diesem Märchen wird erzählt, dass der Teufel einen Spiegel machte, der die Eigenschaft hatte, alles zu verzerren: Das Gute und Schöne ließ er zusammenschrumpfen, das Üble und Böse vergrößerte er. Schließlich wollten die Teufel diesen Spiegel zum Himmel hinauffliegen. Aber der Spiegel rutschte aus ihren Händen, stürzte auf die Erde und zerbrach in Billionen Splitter. Nun richtete der Spiegel großes Unheil an, denn die Leute, denen ein Splitter ins Auge flog, sahen nur noch das Schlechte. Manche Menschen bekamen sogar einen Splitter ins Herz, das dann wie ein Klumpen Eis wurde.

In einer kleinen Stadt lebten zwei arme Kinder, ein Junge, Kai, und ein Mädchen, Gerda. Sie mochten sich gern und spielten miteinander. Auch Kai wurde von einem solchen Splitter ins Herz gestochen. Er riss nun Rosen ab, ärgerte Gerda und rannte von ihr fort. Beim Schlittenfahren wurde er von der Schneekönigin in ihr Reich entführt.

Andersen schildert den langen, mühevollen Weg, den Gerda gehen musste, um Kai zu erlösen. Sie ging zum Fluss, kletterte in ein Boot, trieb ganz allein hinaus und gelangte nun in einen wunderbaren Garten. Dort wurde Gerda von einer alten Frau, einer Zauberin, aufgenommen und erzählte ihr ihre Geschichte. Gerda befasste sich mit den Blumen im Garten der Zauberin, mit deren Geschichten, fragte immer wieder nach Kai und stellte schließlich erschreckt fest, dass jede Blume nur ihre eigene Geschichte erzählte, das heißt, in sich selbst gefangen blieb. Diese Erkenntnis veranlasste sie, aus dem paradiesischen Garten zu fliehen, und führte sie zunächst in die Kälte, in den Herbst und die Einsamkeit. Es war grau und schwermütig in der weiten Welt, heißt es in der Geschichte.

Mit Hilfe eines Krähenpaars kam Gerda in ein Schloss und lernte ein Prinzenpaar kennen. Sie träumte von einem kleinen Schlitten, auf dem Kai saß und nickte. Nun setzte Gerda ihre Suche nach Kai fort. Bald fiel sie Räubern zum Opfer und sollte ermordet werden. Gerda erlebte in der Räuberhöhle Neid, Gier und mörderische Aggressionen und hatte Todesangst. Von Tauben erfuhr sie, dass Kai mit der Schneekönigin nach Lappland gefahren war. Die Räubertochter verhalf Gerda zur Flucht und gab ihr ein Rentier mit. Dieses trug sie zur Lappenfrau, einer liebevollen Frau, die beide wärmte, ihnen zu essen gab und den Weg zur Finnenfrau zeigte. Diese weise Frau erkannte Gerdas Liebe. Schließlich fand Gerda Kai im Palast der Schneekönigin und erlöste ihn.

In dem Märchen »Die Schneekönigin« sind die Teufel ein Symbol für böse Vater- oder Mutterbilder. Der Teufelsspiegel, dessen Splitter in die Augen und in das Herz der Menschen dringen, ist ein Bild für das Unheil, das angerichtet wird, wenn das Böse nicht gehalten werden kann, sondern in andere »hineinfällt«, das heißt hineinprojiziert wird. Dieser zerbrochene Spiegel steht somit für Väter oder Mütter, ihre zerbrochenen Container-Funktionen und die grauenvollen Folgen für die Kinder. Der Splitter, das Böse, dringt über projektive Identifikation in die Kinder ein.

Andersen stellt die schrecklichen Auswirkungen dieser Vorgänge dar. Die Introjektion des Bösen führt dazu, dass Kai seine Umgebung völlig verzerrt wahrnimmt, seine Gefühle und damit seine Liebesfähigkeit gleichsam einfrieren. Kai wird seelenblind, seine Liebe zu Gerda zerbricht, er wird verführbar und verliert seine Denk- und Symbolisierungsfähigkeit. Kai kann sein Leid und seine Verzerrungen der Realität, seine Projektionen und Blockaden nicht wahrnehmen, sondern projiziert sie auf Gerda. Besessen von dem Teufel, kann er die Liebe nicht mehr erleben, sondern muss sie zerstören. Er wird nun von der Schneekönigin, einer kalten Mutter, in die Einsamkeit verführt; Kai erstarrt und verstummt.

Der Eispalast der Schneekönigin symbolisiert die innere Welt einer »toten« Mutter, wie der Psychoanalytiker Green sie beschrieben hat. Mit dem Bild des Eispalasts stellt Andersen die ausweglose Kälte dar. Erinnern wir uns an Violas Formulierung »bei meiner Mutter ist man erfroren«.

In diesem Märchen zeigt sich auch das unsagbare Leid, das ein zerbrochenes Paar – der Teufel und die Schneekönigin – über seine Kinder, Kindeskinder und seine gesamte Umgebung verbreitet.

Betrachten wir nun Kai und Gerda als zwei Aspekte einer Persönlichkeit, nämlich als einen traumatisierten (Kai) und einen gesund gebliebenen (Gerda) Persönlichkeitsanteil. So macht sich Gerda – geleitet von ihrer Intuition sowie von ihren Träumen und mit der Hilfe vieler wohlwollender Begleiter – auf den langen Weg, ihre Erstarrung aufzuspüren und diese über Mitgefühl und Trauerprozesse zum Schmelzen zu bringen.

Mir ist kein anderes Märchen bekannt, welches das Ausmaß und die Tragweite der projektiven Identifikation und die transgenerationalen Auswirkungen sowie die Bedeutung einer »toten« Mutter so anschaulich beschreibt wie dieses Märchen. Erinnern wir uns an die Behandlungsberichte. Darin wurde ebenfalls deutlich, welche mühevollen Wege die Patientinnen zurückgelegt haben, um transgenerationale Traumata in sich aufzufinden, zu betrauern und schließlich heilsamer mit sich und anderen umzugehen.

In dem Buch »Kabbala im Traumleben des Menschen« erzählt Friedrich Weinreb eine alte Geschichte, nach der das Bild des Menschen einst wie das Bild Gottes ein schönes Bild gewesen sei, dann aber zertrümmert wurde und in unzähligen Splittern vom Himmel stürzte. Das Bild ist verloren gegangen, aber die Splitter tragen in sich die Sehnsucht nach Vereinigung und irren umher, bis sich zwei gefunden haben, die zusammenpassen. »Der ganze Weg ist dieses Suchen der Splitter nach ursprünglicher Einheit« (Weinreb 2000, S. 67 f.).

In der Therapie werden diese integrativen Prozesse unterstützt und die zerbrochenen inneren Bilder so weit als möglich wieder zusammengefügt.

■ Literatur

Ancelin Schützenberger, A. (2002): Oh, meine Ahnen! 2. Aufl. Paris.

Andersen, H. C.: Andersens Märchen. Hamburg, 1989.

Andrae, F. (1995): Auch gegen Frauen und Kinder. München.

Bauriedl, T. (1988): Die Wiederkehr des Verdrängten. 2. Aufl. München.

Benedetti, G. (1992): Psychotherapie als existentielle Herausforderung. Göttingen.

Benedetti, G. (1998): Botschaft der Träume. Göttingen.

Bergmann, M. S.; Jucovy, M. E.; Kestenberg, J. E. (Hg.) (1982): Generations of the Holocaust. New York. (Dt.: Kinder der Opfer, Kinder der Täter. Psychoanalyse und Holocaust. Frankfurt a. M., 1995).

Bion, W. R. (1962): Learning from Experience. (Dt.: Lernen durch Erfahrung. Frankfurt a. M., 1990)

Bohleber, W. (2000): Die Entwicklung der Traumatheorie in der Psychoanalyse. Psyche 9/10: 797–839.

Eckstaedt, A. (1998): Nationalsozialismus in der »zweiten Generation«. 2. Aufl. Frankfurt a. M.

Freud, S. (1900): Die Traumdeutung. Studienausgabe Band II. Frankfurt a. M., 1982.

Freud, S. (1912): Totem und Tabu. Studienausgabe Band IX. Frankfurt a. M., 1982.

Freud, S. (1917): Trauer und Melancholie. In: Psychologie des Unbewussten. Band 3. Frankfurt a. M., 1982.

Gampel, Y. (1995): Eine Tochter des Schweigens. In: Bergmann, M. S. (Hg.), Kinder der Opfer, Kinder der Täter. Psychoanalyse und Holocaust. Frankfurt a. M., S. 147–173.

Hardtmann, J. (1995): Die Schatten der Vergangenheit. In: Bergmann, M. S. (Hg.), Kinder der Opfer, Kinder der Täter. Psychoanalyse und Holocaust. Frankfurt a. M., S. 239–265.

Hirsch, M. (1998): Schuld und Schuldgefühl. Göttingen.

Jokl, A. M. (1997): Zwei Fälle zum Thema »Bewältigung der Vergangenheit«. Frankfurt a. M.

Klein, M. (1972): Das Seelenleben des Kleinkindes. Reinbek.

Klein, M. (1983): Seelische Urkonflikte. Frankfurt a. M.

Kogan, I. (1995): The Cry of Mute Children. A Psychoanalytic Perspective of the Second Generation of the Holocaust. London. (Dt.: Der stumme Schrei der Kinder. Frankfurt a. M., 1998)

Kogan, I. (1990): Kinder von Holocaust-Überlebenden – vermittelte und reale Traumen. Psyche, Juni 1990.

Laub, D.; Peskin, H.; Auerhahn, N. C. (1995): Der zweite Holocaust. Psyche 49: 18–41.

Lazar, R. A. (1999): »Mrs. Klein« und »WRB«: Die Kleinianischen Wurzeln des »Bionschen Denkens«. Kinderanalyse. Zeitschr. f. d. Anw. d. Psychoanalyse in Psychotherapie und Psychiatrie des Kindes- und Jugendalters. 3: 189–220.

Meltzer, D. (1984): Dream-Life. Perthshire, Scotland. (Dt.: Traumleben. Stuttgart, 1988)

Meyer, K. (1998): Geweint wird, wenn der Kopf ab ist. Freiburg u. a.

Moser, T. (1974): Lehrjahre auf der Couch. Frankfurt a. M.

Moser, T. (1994): Ödipus in Panik und Triumph. Frankfurt a. M.

Moser, T. (1996): Dämonische Figuren. Frankfurt a. M.

Moser, T. (1997): Dabei war ich doch sein liebstes Kind. München.

Schmidt, C. (1997): Unsichtbare Fesseln lösen. München.

Segal, H. (1991): Dream, Phantasy and Art. London/New York. (Dt.: Traum, Phantasie und Kunst. Stuttgart, 1996)

Spitz, R. (1973): Die Entstehung der ersten Objektbeziehung. Stuttgart.

Spitz, R. (1975): Vom Dialog. Stuttgart.

Spitz, R. (1976): Vom Säugling zum Kleinkind. Stuttgart.

Weinreb, F. (2000): Kabbala im Traumleben des Menschen. 3. Aufl. Kreuzlingen.

Winnicott, D. (1976): Von der Kinderheilkunde zur Psychoanalyse. München.

Winnicott, D. (1978): Familie und individuelle Entwicklung. München.

Wenn Sie weiterlesen möchten ...

Louis M. Tas / Jörg Wiesse (Hg.)
Ererbte Traumata

Auf die psychischen Traumata der Naziverfolgten wurde man in Deutschland erst spät aufmerksam. Das hat vielfältige Gründe, einige davon sind aufs neue beschämend.
Immerhin wird seit wenigen Jahren darüber geforscht, und es gibt auch einige Fachveröffentlichungen dazu.
In diesem Band schreiben Autoren, die das Leid nicht nur als Therapeuten kennen, sondern auch aus ihrem eigenen Erleben berichten können über die fortwährende Traumatisierung:
*Andries van Dantzig (*Amsterdam*), Nathan Durst* (Herzlay),
Hans Keilson (Bussum, Niederlande), *Ilany Kogan* (Jerusalem),
Rafael Moses (Jerusalem), *Judith S. Kestenberg* (New York),
Louis M. Tas (Amsterdam).

Jörg Wiesse / Erhard Olbrich (Hg.)
Ein Ast bei Nacht kein Ast
Seelische Folgen der Menschenvernichtung für Kinder und Kindeskinder

„Den Herausgebern ist es gelungen, vielfältige und differenzierte Sichtweisen in einem kleinen Buch miteinander zu verbinden. Sie haben einen Raum geschaffen zum Dialog, der hoffentlich genutzt wird. Ich wünsche mir für mich und die LeserInnen, daß es ein gemeinsamer wird, in dem wir das Unerträgliche wahrnehmen können, ohne die Worte zu verlieren, damit nicht wieder Schweigen und Blindheit aufkommt. Ich danke den Herausgebern und AutorInnen für dieses Buch." *C. Müller-Wille, Systhema*

„ ... unbedingt empfehlenswert" *S. Heenen-Wolff, Psyche*

Annette Streeck-Fischer (Hg.)
Adoleszenz und Trauma

Jugendliche in ambulanter oder stationärer Psychotherapie, die auffällig geworden sind, weil sie andere brutal verletzt haben oder Opfer von Mißhandlungen und Mißbrauch geworden sind oder aber sich selbst schwere Selbstbeschädigungen zugefügt haben, blicken zumeist auf schwere Traumatisierungen in ihrer Kindheit zurück. Sie blicken im wahrsten Sinn darauf zurück: Ihr aktuelles Verhalten kann nur als Reinszenierung ihrer zerstörerischen Erfahrungen verstanden werden. In den Versuchen, ihr beschädigtes Selbst sozusagen zu reparieren, verstricken sie sich immer tiefer in die traumatische Situation.

Solche traumatischen Erlebnisse werden als Bilder, Empfindungen oder Gefühlszustände gespeichert. Deshalb können sie in der Psychotherapie gerade nicht oder nur bruchstückhaft sprachlich bearbeitet werden. Es eröffnet sich ein wichtiges neues Aufgabenfeld für die analytische Psychotherapie.

Namhafte Kliniker und Wissenschaftler breiten ein Verständnis traumatischer Verarbeitungen unter dem Blickwinkel der Psychodynamik, der Hirnbiologie und der Bindungsforschung aus und geben Einblick in verschiedene Behandlungsansätze bei solchen Störungen.

Werner Hilweg / Elisabeth Ullmann (Hg.)
Kindheit und Trauma
Trennung, Mißbrauch, Krieg

Kindern kann auf vielfältige Weise Gewalt angetan werden. Die Ursachenbündel treten dabei – leider – so häufig und immer wieder auf, daß sich eigene Gesetzmäßigkeiten und Strukturen der Traumatisierungen ausmachen lassen: Trennung von den Eltern (Trennung auch von einem Elternteil bei einer Scheidung), sexueller Mißbrauch und das Erleben von Krieg.

Experten aus acht Ländern, darunter Mitarbeiter von SOS-Kinderdorf, haben sich in diesem Band zusammengefunden, um die Ursachen und Wirkungen eines Traumas herauszuarbeiten und um zu zeigen, wie ein heilender Einfluß und methodisch überlegter Umgang diesen Kindern über ihre schrecklichen Erfahrungen hinweghelfen können.

Hartmut Radebold
Abwesende Väter
Folgen der Kriegskindheit in Psychoanalysen

Traumatisierende Erfahrungen, beschädigte Lebensbedingungen und abwesende Väter charakterisieren die Situation und Entwicklung vieler Menschen, die während des Zweiten Weltkriegs und in den folgenden Jahren ihre Kindheit verbracht haben. Die einführende umfassende Zusammenschau der Erkenntnisse verschiedener Disziplinen belegt den bis heute unzureichenden Kenntnisstand zum Schicksal dieser Altersgruppe.
Auf der Basis der Auswertung von zehn Psychoanalysen 45-60jähriger Patienten verdeutlicht Radebold das Ausmaß der Beschädigungen bis ins mittlere Erwachsenenalter – gleichzeitig wird aber auch deutlich, dass auch in diesem Lebensabschnitt psychotherapeutische Hilfe sinnvoll und fruchtbar sein kann.

Annette Streeck-Fischer / Ulrich Sachsse /
Ibrahim Özkan (Hg.)
Körper, Seele, Trauma
Biologie, Klinik und Praxis

Gegenwärtig nehmen die Auseinandersetzungen mit den kurzfristigen und langfristigen Folgen schwerer seelischer Traumatisierung Einfluss auf das Gesundheitswesen, die Politik, die Wissenschaft und die Psychotherapie. Biologische Forschungsergebnisse belegen, dass wesentliche Bereiche der Gehirnfunktionen wie das Gedächtnis und die Affektregulation durch eine schwere seelische Traumatisierung verändert werden können. Die Psychotherapie hat schulenübergreifend neue, effektivere Herangehensweisen und Strategien entwickelt, deren Ergebnisse auf die Grundlagenforschung zurückwirken. Gleichzeitig kommt der Öffentlichkeit mehr und mehr zu Bewusstsein, wie nötig rasche und effiziente Hilfe nach Traumatisierungen durch Unfälle oder Gewalt in der Familie ist. Die Autoren tragen ihre Erkenntnisse aus unterschiedlichen Disziplinen zu einem fruchtbaren Ganzen zusammen.

Ein unverstandener Traum ist wie eine unerhörte Antwort

Holger Bertrand Flöttmann
Träume zeigen neue Wege
Systematik der Traumsymbole
2., erweiterte Auflage 2003.
341 Seiten, kartoniert
ISBN 3-525-46194-1

Diese Systematik von Traumsymbolen basiert auf der wissenschaftlich fundierten Auswertung einer großen Anzahl von Träumen. Sie findet Anwendung in tiefenpsychologischer und psychoanalytischer Therapie, kann aber genauso jedem Träumer und jeder Träumerin als Orientierung dienen.

Gaetano Benedetti
Botschaft der Träume
Unter Mitarbeit von Elfriede Neubuhr, Maurizio Peciccia und J. Philip Zindel.
1998. 297 Seiten mit 11 Abbildungen, kartoniert
ISBN 3-525-45803-7

„Wer sich schon mit Träumen befaßt hat, wird durch dieses Buch angeregt und bereichert; bei Skeptikern müßte eine aufmerksame Lektüre jedenfalls den bis dahin gehegten Zweifel durch lebhaftes Interesse ersetzen!" *Schleswig-Holsteinisches Ärzteblatt*

Ralf Zwiebel / Marianne Leuzinger-Bohleber (Hg.)
Träume, Spielräume I
Aktuelle Traumforschung
Psychoanalytische Blätter 20.
2002. 133 Seiten mit 8 Abbildungen und 2 Tabellen, kartoniert
ISBN 3-525-46019-8

Träume, Spielräume II
Kreativität und Persönlichkeitsentwicklung
Psychoanalytische Blätter 21.
2003. 143 Seiten, kartoniert
ISBN 3-525-46020-1

Die beiden Bände stellen aktuelle Ergebnisse der Traumforschung vor.

Jürgen Körner / Sebastian Krutzenbichler (Hg.)
Der Traum in der Psychoanalyse
2000. 211 Seiten mit 10 Abbildungen, kartoniert
ISBN 3-525-45875-4

Hundert Jahre nach Freuds "Traumdeutung" bietet dieser Band ein Forum kritischer Reflexion der psychoanalytischen Arbeit mit Träumen.

V&R
Vandenhoeck & Ruprecht